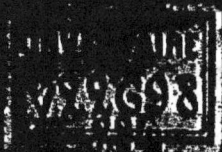

PUBLICATION DE LA RÉUNION DES OFFICIERS

HISTORIQUE

DU

12e RÉGIMENT D'INFANTERIE DE LIGNE

PAR G. DÉHON DAHLMANN,

Capitaine Adjudant-major au 12e Régiment d'Infanterie

« Les Lacedemoniens sacrifioient aux Muses entrants en bataille, à fin que leurs gestes fussent bien et dignement escripts, estimant que ce fust une faveur divine et non commune que les belles actions trouvassent des tesmoings qui leur sceussent donner vie et memoire. »

MICHEL DE MONTAIGNE

(Livre II, chapitre XVI des *Essais*.)

PARIS

CH. TANERA, ÉDITEUR

LIBRAIRIE POUR L'ART MILITAIRE, LES SCIENCES ET LES ARTS

Rue de Savoie, 6

1877

HISTORIQUE

DU

12ᵉ RÉGIMENT D'INFANTERIE

ÉVREUX, IMPRIMERIE DE CH. HÉRISSEY.

HISTORIQUE

DU

12ᵉ RÉGIMENT D'INFANTERIE

DE LIGNE

PAR C. DÉRON DAHLMANN,

Capitaine adjudant-major au 12e Régiment d'Infanterie

> « Les Lacédémoniens sacrifiaient aux Muses
> entrants en bataille, à fin que leurs gestes
> feussent bien et dignement escripts, estimant
> que ce feust une faveur divine et non com-
> mune que les belles actions trouvassent des
> tesmoings qui leur sceussent donner vie et
> memoire. »
>
> MICHEL DE MONTAIGNE
> (Livre II, chapitre XVI des *Essais*)

PARIS

CH. TANERA, ÉDITEUR

LIBRAIRIE POUR L'ART MILITAIRE, LES SCIENCES ET LES ARTS
Rue de Savoie, 6

1877

AVANT-PROPOS

Il est constant que tous les membres de la famille régimentaire s'identifient en quelque sorte avec le numéro du régiment. Rappeler à ceux qui la composent aujourd'hui les beaux faits d'armes qui, dans les annales de l'histoire, ont trait au numéro qu'ils portent, c'est, à coup sûr, leur faire éprouver une noble émotion, c'est faire vibrer cette corde du cœur qui enfante l'émulation et l'esprit de corps.

Le culte de la tradition a toujours été en honneur dans les régiments français; mais, après nos désastres, il nous semble plus utile que jamais de le rehausser et de le vulgariser. Montrer au soldat que ce corps auquel il appartient a toujours été brillant aussi bien dans les succès que dans les revers, mettre en relief le nom des hommes éminents qui sont sortis de ses rangs, n'est-ce pas le plus sûr moyen de raffermir et d'accroître sa valeur morale, force essentielle des armées, en lui inspirant les principes de l'honneur et du dévouement au pays?

Si, par suite de fusions et de transformations successives, un grand nombre de régiments, et particulièrement les nouveaux, ont dû se borner à analyser l'historique des corps dont ils portent actuellement le numéro, bien que sans aucun lien généalogique entre eux, le 12ᵉ de ligne, plus heureux, peut présenter la chaîne continue de ses annales depuis le régiment *Auxerrois* jusqu'à nos jours, sauf les interruptions communes à toute l'armée.

On s'y souvient avec un légitime orgueil que Napoléon Iᵉʳ l'appelait *le Brave*; qu'à Auerstaedt, à la Moskowa, il se signale entre tous; qu'enfin, aux jours néfastes de notre histoire, à la retraite de Russie, et récemment à Saint-Privat-la-Montagne, le premier à l'attaque, le dernier à la retraite, sa discipline et sa valeur le font sortir glorieux néanmoins des rudes épreuves qui, fatalement, semblent être son partage.

Faciliter à tous les militaires du régiment la connaissance des actions de guerre auxquelles le 12ᵉ a pris part, tel est le but que nous nous sommes proposé en leur présentant l'historique du corps.

G. DÉHON DAHLMANN,

CAPITAINE-ADJUDANT-MAJOR AU 12ᵉ RÉGIMENT
D'INFANTERIE DE LIGNE.

AVIS MOTIVÉ DU GÉNÉRAL DE DIVISION

Cet historique, dont la rédaction a été confiée à M. le capitaine Déhon Dahlmann, est parfaitement tenu.

Régiment Auxerrois, douzième demi-brigade, Légion des Côtes-du-Nord, ou 12ᵉ de ligne, quelle que soit la dénomination du régiment, il se distingue : à l'armée d'Italie (1796), sous Serrurier; à Rome ou à Naples (1797-1798-1799), sous Championnet et Macdonald; il passe le Saint-Bernard avec la division Chabran (1800).

On le retrouve à Austerlitz, à Auerstaëdt, à Pultusk, à Eylau, — où il reçoit dix-huit croix de chevalier de la Légion d'honneur, — à Heilsberg, à Friedland, à Abensberg, à Eckmühl, à Ratisbonne, à Wagram, faisant toujours partie de la division Gudin qui, avec les divisions Morand et Friant, formait l'élite de la Grande-Armée.

La campagne et la retraite de Russie, — où il obtient trente croix, — la campagne de Saxe, sont celles où le régiment déploie, sous les coups redoublés de l'adversité, la plus grande énergie. Il défend Anvers en 1814. Il prend part à la guerre d'Espagne en 1823, au siège d'Anvers en 1832. Il va quatre fois en Algérie, et, enfin, cette épopée glorieuse se termine à Saint-Privat-la-Montagne, où le 12ᵉ se mesure avec les Chasseurs de la Garde du roi de Prusse, et où il perd 690 hommes.

Noblesse oblige! Un régiment qui a une pareille histoire doit se distinguer partout. Les officiers et les soldats du 12ᵉ suivront les traces de leurs aînés, et leur Colonel, qui est si sensible à tout ce qui élève le cœur et l'esprit des Français, les guidera sur la route du devoir et de l'honneur.

Montpellier, le 15 octobre 1876.

Le Général de Division,
BRINCOURT.

HISTORIQUE

DU

12ᵉ RÉGIMENT D'INFANTERIE DE LIGNE

LISTE CHRONOLOGIQUE

DES CHEFS DE CORPS

Auxerrois

(Formé le 25 mars 1776 des 2ᵉ et 4ᵉ bataillons de *La Marine*.)

MESTRES DE CAMP [1] ET COLONELS

Vicomte DE DAMAS-MARILLAC (Claude-Charles), 18 avril 1776.

Vicomte DE TILLIÈRES (Alexis-Paul-Michel LEVENEUR), 27 janvier 1783.

Comte DE FLÉCHIN DE VAMIN (Charles-François-Joseph), 24 avril 1782.

Le 1ᵉʳ janvier 1791, *Auxerrois* devient :

12ᵉ Régiment d'Infanterie

DE GALAUP (François-Félix), 27 juillet 1791.

DE SAINT-SAUVEUR (François-Guillaume DE BRAGOUZE), 5 février 1792.

DES BRUNIÈRES (Charles-Henri LE BŒUF DE LA NOUE), 23 mars 1792.

---

[1] Les chefs des divers corps militaires qui, eux-mêmes, reçurent en 1558 le nom de *Régiments*, s'appelèrent alors *Mestres de Camp*; ils prirent le titre de *Colonels* en 1661, redevinrent *Mestres de Camp* en 1730, et enfin *Colonels* en 1788. Cette dernière dénomination fut supprimée en 1793, et remplacée par celle de *Chef de Brigade*, qui disparut à son tour en 1803, où l'on revint à celle de *Colonel*.

12ᵉ Demi-Brigade de Bataille
(Qui exista de 1793 à 1796.)
CHEF DE BRIGADE

N...

12ᵉ Demi-Brigade de Ligne
(Formée à Lyon par arrêtés des 8 janvier et 30 mars 1796.)
CHEFS DE BRIGADE

GIRARDON, de 1796 à 1799 (depuis général de brigade).
VERGEZ, de 1799 à 1803 (depuis général de brigade).

12ᵉ Régiment d'Infanterie de Ligne
(Formé le 21 septembre 1803.)
COLONELS

VERGEZ, de 1803 à 1806 (général de brigade du 28 octobre 1806).
Baron MÜLLER, de 1806 à 1809.
Baron THOULOUZE, de 1809 à 1812 (mort au champ d'honneur).
Baron BAUDINOT, de 1812 à 1815.
 Le régiment est licencié en juillet 1815.

Légion des Côtes-du-Nord
(Formée par ordonnance royale du 3 août 1815.)
COLONELS

Vicomte DUBREUIL DE PONT-BRILLANT, de 1815 à 1816.
Marquis DE MONTMORT, de 1816 à 1819.
Comte DE SAINT-MICHEL, de 1819 à 1820.

12ᵉ Régiment d'Infanterie de Ligne.
(Formation du 23 novembre 1820.)
COLONELS

Comte DE SAINT-MICHEL, de 1820 à 1823 (depuis maréchal-de-camp).

Vicomte DELAMARRE, de 1823 à 1830.

BOARINI, de 1830 à 1832.

ROUX, de 1832 à 1840.

CAZAC, de 1840 à 1848.

DAULOMIEU-BEAUCHAMP, de 1848 à 1855.

DE BRAUER, de 1855 à 1860.

PÉCHOT, de 1860 à 1866.

LEBRUN, de 1866 à 1871.

MIMEREL, de 1871 à 1874.

TRUMELET, de 1874.

———————

CHAPITRE PREMIER

(1610-1776)

Sous l'ancienne monarchie, les régiments prenaient rang entre eux d'après la date de leur formation. Les licenciements ou les dédoublements de certains corps amenèrent successivement sept régiments à porter, de 1610 à 1776, le numéro 12, savoir : *Rotzau*, de 1610 à 1616 ; — *Du Bourg*, de 1616 à 1625 ; — *Vaubécourt*, de 1626 à 1631, et de 1648 à 1665 ; — *Beaumont*, de 1631 à 1648, et de 1665 à 1671 ; — *Royal*, de 1671 à 1673 ; — *Roi*, de 1673 à 1776 ; — et *Auxerrois*, de 1776 à 1791.

Il serait sans intérêt de faire l'historique de tous ces corps de courte durée, et sans aucun lien de filiation entre eux.

Nous commencerons par le régiment *Auxerrois* qui, en 1791, devint *12e d'Infanterie*.

RÉGIMENT AUXERROIS, de 1776 à 1790.

Le régiment *Auxerrois* fut créé le 25 mars 1776. On le forma avec les 2ᵉ et 4ᵉ bataillons du régiment *La Marine* dédoublé. Dès son organisation, *Auxerrois* fut classé le 12ᵉ parmi les régiments français.

Il avait déjà existé un *Auxerrois*, qui, créé en 1692, fut incorporé, en 1749, dans le régiment de *Flandre*, commandé par le marquis *de Montcalm*.

Le régiment *La Marine* était de la création de 1635 : on l'avait formé avec des compagnies franches du service de mer, dont l'origine remontait à 1627.

Les honorables traditions conservées dans le régiment *Auxerrois*, où les brillants faits d'armes de *La Marine* et ceux de l'ancien *Auxerrois* étaient souvent racontés avec orgueil, enflammaient les cœurs, et devaient produire ces milliers de braves qui ont fait la glorieuse réputation du régiment.

Le règlement du 29 janvier 1779 partagea, pour l'uniforme, les régiments en séries qui eurent chacune leur couleur distinctive et particulière. *Auxerrois* reçut l'uniforme suivant : l'habit à la française blanc avec revers en panne noire, boutons blancs, poches en long, chapeau bordé d'un galon noir, avec cocarde de basin blanc, épaulettes rouges pour les grenadiers, vertes pour les chasseurs.

Le régiment *Auxerrois* reçut le baptême du feu dans la guerre d'Amérique, à laquelle il prit part de 1777 à

1783. Cette guerre, dite de l'*Indépendance*, était celle que faisaient les colonies anglaises d'Amérique à leur métropole, guerre qui devait amener l'existence comme nation de cette immense contrée de l'Amérique du Nord qu'on appelle les *États-Unis*.

Louis XVI, entraîné par l'opinion publique, qui avait à cœur de laver les affronts de la guerre de Sept-Ans, envoya en Amérique *Lafayette* avec 7 vaisseaux et un corps de 10,000 hommes, dont faisait partie *Auxerrois*.

C'est dans ses rangs que débute, en 1778, un engagé volontaire qui, quelques années plus tard, sera une des gloires de la France, le maréchal *Jourdan*.

Auxerrois se fit bientôt un nom illustre par la glorieuse part qu'il prit à cette guerre de l'*Indépendance*.

Ce fut à la tête de 1,800 hommes d'*Auxerrois* et de quelques centaines de soldats d'autres corps, que M. *de Bouillé* fit, en 1778, la brillante conquête de la Dominique.

Le 7 septembre, le détachement débarque dans cette île; aussitôt, 30 hommes, sous les ordres du capitaine *La Chaise*, s'élancent à la course sur la batterie de La Loubière, qui faisait un feu des plus vifs, se jettent dans les embrasures, et s'emparent du fortin; en même temps, le colonel *de Damas* se rendait maître des hauteurs qui dominent la ville. On allait donner l'assaut lorsque l'ennemi capitula.

Cette conquête eut pour trophées, outre la garnison qui fut faite prisonnière, 101 pièces de canon et 24 mortiers.

Le 18 décembre, une partie du régiment se trouve au combat de Sainte-Lucie; le capitaine *du Cay* y est mortellement blessé.

Les 3 et 4 juillet 1779, un fort détachement d'*Auxerrois* (lieutenant-colonel *de Pont-de-Vaux*) contribue à la prise de La Grenade.

Les 16 et 17 décembre 1780, un bataillon commandé par le lieutenant-colonel *de Blanchelande*, chargé de la défense de l'île Saint-Vincent, repousse 4,000 Anglais qui venaient d'y débarquer, et les force à se retirer sur leurs vaisseaux.

De Blanchelande s'embarque lui-même le 8 mai 1781, prend terre le 24 à Tabago, et s'empare de la ville et du fort de Scarborough.

Le 30, le marquis *de Bouillé* arrivait avec le colonel et le reste du régiment. Les Anglais, pourchassés à outrance, capitulent le 2 juin : 400 Anglais, 500 Écossais et un grand nombre de noirs armés sont faits prisonniers de guerre.

Le 15 novembre, un bataillon de 300 hommes, joint à des détachements d'autres corps, part avec M. *de Bouillé*, et arrive le 25 devant l'île Saint-Eustache. Malgré un violent raz de marée, le petit corps d'armée débarque, et se porte avec tant de rapidité sur le fort, que la garnison est surprise sur les glacis où elle faisait l'exercice.

Le capitaine *La Mothe*, d'*Auxerrois*, sans donner le temps aux Anglais de lever le pont-levis, pénètre avec eux dans la place, lève le pont, coupe ainsi la retraite à ceux qui sont restés dehors, et fait mettre bas les armes aux Anglais qui ont pu rentrer. Pendant ce temps, on faisait prisonniers de guerre les soldats attardés sur les glacis.

Les 13ᵉ et 15ᵉ régiments anglais furent ainsi pris avec 68 pièces de canon.

Au retour de la Martinique, le colonel *de Damas* faisait encore capituler les îles Saint-Martin et de Saba. Sa belle conduite lui valait le grade de maréchal-de-camp.

Au combat naval du 12 avril 1782, sous la Dominique, le sergent *Chossat*, depuis chef de brigade, se signala, sur le vaisseau *le Glorieux*, par un acte de courage et de bravoure digne d'être cité. Le vaisseau ayant été complétement démâté pendant le combat, et son pavillon étant tombé à la mer, le sergent *Chossat* le remplaça par un morceau d'étoffe blanche, qu'il tint au bout de son sabre pendant la durée de l'action, et, malgré le feu violent de deux vaisseaux anglais qui attaquaient le *Glorieux* à portée de pistolet. Ce brave sergent, blessé à la jambe gauche par un éclat de bois, est fait prisonnier. Il fut échangé le 4 août suivant.

Le régiment revint en France le 21 juillet 1783, et fut envoyé à Verdun. On le trouve en 1785 à Montmédy, et de 1786 à 1789 à Mézières.

En 1790, il vient à Metz, puis il est envoyé à Condé.

12ᵉ RÉGIMENT D'INFANTERIE, de 1791 à 1793.

Par suite de la nouvelle organisation de l'infanterie, le 1ᵉʳ janvier 1791, le régiment *Auxerrois* devient *12ᵉ Régiment d'Infanterie*.

En garnison à Condé, ensuite à Dunkerque en 1792, le 12ᵉ régiment d'infanterie entra en campagne dès le début des guerres de la Révolution.

La France venait de répondre par un cri d'indignation au manifeste du duc de Brunswick, qui déclarait que l'empereur d'Allemagne et le roi de Prusse se disposaient à envahir notre territoire pour faire cesser l'anarchie qui régnait à l'intérieur, et nous dicter leurs volontés. Dumouriez fut appelé au commandement d'une armée destinée à arrêter la marche des alliés. Il songea à faire la conquête de la Belgique.

(1792)
Armée du Nord :
Général Dumouriez.
Corps
du général Miranda.
1ʳᵉ division :
Général Duval.

Le 12ᵉ d'infanterie fit partie du 1ᵉʳ corps de cette armée dite *Armée du Nord*. Il marcha sur Tournai le 8 novembre 1792, sur Gand le 12, et entra à Anvers le 18.

Il se trouva au siége de la citadelle d'Anvers, place qui capitula le 29 après quatre jours de tranchée ouverte; il fut envoyé ensuite en cantonnements à Tixe et à Halvegge, près Tongres.

(1793)
Armée du Nord :
Général Dumouriez.
Armée d'observation :
Général La Noue.
Division de droite :
Général Miaczinski.

Le régiment quitta, cette année, son ancien uniforme pour prendre celui des Volontaires, qui devenait l'uniforme de toute l'infanterie : habit bleu de roi avec revers rouges, veste et pantalon blancs, chapeau avec plumet rouge pour les grenadiers.

Le régiment rivalisa de courage et de bravoure avec les autres troupes dans les nombreuses affaires de la campagne de 1793, particulièrement le 2 mars, au combat d'Aix-la-Chapelle, contre la colonne du duc de Wurtemberg; — le 4, à l'attaque de Menin par le prince Charles; — le 6, à la défense de Tongres contre la colonne de l'archiduc Charles; — le 30 avril, dans le mouvement du camp de la Magdeleine sur Orchies; — le 1ᵉʳ mai, en secondant les attaques faites par les troupes du général *Kilmaine* sur Saint-Amand et Vicoigne; — le 8, aux combats de Vicoigne et de Raismes, où le 12ᵉ, faisant partie de l'avant-garde, — général *Desponches*, — chassa les Prussiens de leurs positions, et parvint à s'y établir après une lutte fort vive.

Le régiment continua à se signaler, le 24 mai, en contribuant à repousser les Hollandais de leurs positions de Roucq et de Bousbecque.

Armées réunies du Nord et des Ardennes : Général La Marche.

Le chef de bataillon *Féraudy* montra une grande valeur dans cette affaire.

Le même jour, le 12ᵉ prit part à l'attaque de Turcoing; — le 10 juin, à l'attaque de Wattrelos, près d'Ypres; — le 11, à celle de Werwick; — le 22 juillet, à une seconde attaque de Werwick, à celles de Roucq et de Bousbecque; — le 18 août, au combat de Linselles et à Blaton.

Le 27 août, le régiment se signala à la prise de Turcoing, « qui fut enlevé à la baïonnette sous les yeux du général en chef après quatre heures d'un combat acharné, dans lequel le 12ᵉ, brave et discipliné, s'est

Armées du Nord et des Ardennes : Général Houchard.
1ʳᵉ division : Général Beru.

particulièrement distingué, » est-il dit dans le rapport sur cette affaire.

Le 20 octobre, au combat de Turcoing, le capitaine adjudant-major *Chossat*, — le même qui, étant sergent, se fit remarquer à bord du *Glorieux* le 12 avril 1782, — enleva à l'ennemi, avec les deux compagnies de grenadiers du régiment, plusieurs redoutes et un obusier, fait d'armes qui lui valut le grade de chef de bataillon sur le champ de bataille.

12ᵉ DEMI-BRIGADE DE BATAILLE, de 1793 à 1796.

Après le *12ᵉ Régiment d'Infanterie*, ex-*Auxerrois*, on eut la *12ᵉ Demi-Brigade de Bataille*, qui exista de 1793 à l'an IV (1796). Cette demi-brigade avait été organisée avec le 2ᵉ bataillon du 6ᵉ régiment d'infanterie (ex-*Armagnac*) et deux bataillons de Volontaires. Elle devient la 81ᵉ demi-brigade de ligne à l'organisation de l'an IV (1796).

CHAPITRE II

(1796-1803)

12ᵉ DEMI-BRIGADE DE LIGNE.

A la *12ᵉ Demi-Brigade de Bataille* succéda la *12ᵉ Demi-Brigade de Ligne*, formée dans le mois de floréal an IV (du 20 avril au 20 mai 1796), d'après les arrêtés des 8 nivôse an IV et 10 germinal suivant (8 janvier et 30 mars 1796), avec la 60ᵉ demi-brigade de bataille, le 3ᵉ bataillon de la 170ᵉ, et la 3ᵉ compagnie de grenadiers de la 199ᵉ *bis*. Le 3ᵉ bataillon de la 11ᵉ demi-brigade d'infanterie légère y fut versé en mai 1798, et le 3ᵉ bataillon de la 86ᵉ demi-brigade le 2 mai 1803.

§ 1ᵉʳ. — 1796. — BORGO-FORTE, MANTOUE, SAINT-GEORGES, MODÉNE.

Le traité de Bâle (5 avril 1795) avait détaché de la coalition formée contre la France la Hollande, la Prusse et l'Espagne. Restaient à combattre les Autrichiens, qui nous menaçaient toujours sur le Rhin et sur

2

notre frontière des Alpes, où ils étaient réunis à 25,000 Piémontais.

Carnot conçut le plan de faire diriger sur la capitale de l'Autriche nos armées de Sambre-et-Meuse et de Rhin-et-Moselle, commandées par *Jourdan* et *Moreau*, et celle d'Italie aux ordres de *Bonaparte*, en leur faisant suivre les trois routes du Mein, du Danube et du Pô. C'est sur les nombreux champs de bataille d'Italie que nous allons suivre la 12ᵉ demi-brigade, qui, partout où elle se trouva, se montra constamment brave et intrépide.

Armée d'Italie : Général en chef Bonaparte. 3ᵐᵉ division, ensuite 1ʳᵉ.

Désignée pour prendre part aux opérations de l'armée d'Italie, la 12ᵉ demi-brigade quitta Lyon le 29 juillet 1796, traversa le Grand Saint-Bernard, arriva à Milan le 10 août, et se dirigea sur Mantoue ; elle chassa, en passant, les Autrichiens de Casal-Maggiore, et attaqua Borgo-Forte le 24 août.

A l'attaque de Borgo-Forte, le 1ᵉʳ bataillon de la 12ᵉ, sous les ordres du brave *Beurné*, força les retranchements des Autrichiens, et les obligea à se retirer sur Mantoue, laissant au pouvoir de la division leurs magasins de vivres.

Dans cette action, le capitaine de grenadiers *Chamorin*, à la tête de sa compagnie, traversa les rangs autrichiens, et entra le premier dans Borgo-Forte. Le fourrier *Mitel* (depuis capitaine), aidé d'un de ses camarades, fit huit prisonniers.

Le 25 août, la 12ᵉ fit échouer un retour offensif de l'ennemi, et se distingua aux combats de Saint-Georges les 16, 18 et 19 septembre.

A la défense de la tête de pont de Governolo, le 21 septembre, la 12ᵉ repoussa l'attaque de l'ennemi, le refoula dans la place et lui fit 1,100 prisonniers.

Ce combat, dans lequel Wurmser perdit six pièces de canon, est des plus glorieux pour la 12ᵉ demi-brigade; car, si les Autrichiens se fussent emparés de ce point, ils faisaient lever le siége de Mantoue.

Le 29 septembre, au combat de Modène, 100 hommes de la demi-brigade firent mettre bas les armes à 800 Autrichiens. Le même jour, les deux compagnies de grenadiers enlevèrent à l'ennemi deux pièces de canon, et lui firent un grand nombre de prisonniers.

§ 2. — 1797. — LA FAVORITE.

La 12ᵉ demi-brigade soutient, dans cette campagne, la brillante réputation qu'elle s'est acquise.

Pendant qu'elle continue le blocus de Mantoue, ses grenadiers prennent une part glorieuse à la bataille de La Favorite le 16 janvier 1797.

Là, le grenadier *Vernier* (Philibert) — depuis lieutenant — s'empare de deux pièces de canon, après avoir tué à la baïonnette plusieurs des canonniers qui les servaient.

La 12ᵉ voit capituler Mantoue le 2 février.

Placée dans la division *Serrurier* le 10 mars, elle se trouve au passage de la Piave le 12; le lendemain, elle reçoit du général en chef *Bonaparte* les éloges les plus flatteurs sur sa belle conduite pendant le siége de Mantoue.

Le 15, elle est à la bataille du Tagliamento, et passe le fleuve ; le 18, la demi-brigade franchit l'Isonzo sous le feu de l'ennemi ; le lendemain, elle contribue à la prise de Gradisca et de Goritz. Elle campe du 13 au 15 avril sur la route de Vienne à Trieste. Elle se porte le 27 dans la Haute-Styrie, et s'avance jusqu'à Fraulenthein, sur la Mühr, à environ trois journées de marche de Vienne.

§ 2. — 1798. — CAMPAGNE DE ROME.

(1798)
Armée d'Italie !
Général en chef
Bonaparte.
Ensuite :
Général Alexandre
Berthier.
Général Cham-
pionnet.

Les préliminaires de la paix signés à Leoben le 17 avril 1797 arrêtèrent la marche victorieuse de l'armée d'Italie ; le traité de Campo-Formio du 17 octobre suivant donna à la France l'Italie et une paix glorieuse.

Mais l'insurrection survenue le 27 décembre à Rome, où l'ambassadeur français, le général *Duphot*, fut assassiné, forçait la France à reprendre les armes pour punir ce forfait.

La 12ᵉ demi-brigade, qui était restée en Italie, fut répartie dans les environs de Rome et de Terracine pour concourir à la répression des troubles qui y avaient éclaté. Son 3ᵉ bataillon, depuis deux mois à Civita-Vecchia, eut l'ordre de rejoindre les deux premiers.

La 12ᵉ demi-brigade recevait, le 19 juin 1798, le 3ᵉ bataillon de la 11ᵉ légion, qui, elle aussi, avait pris une part glorieuse aux campagnes de l'armée d'Italie, et, antérieurement, à celles de l'armée des Alpes.

Cette réunion de braves allait ajouter à tant de brillants faits d'armes la gloire de participer à la pacification des États-Romains.

Le chef de briga le *Girardon*, avec une colonne composée de trois compagnies du 1ᵉʳ bataillon et d'autres troupes, atteignit les insurgés, les mit en déroute, les accula dans la petite ville de Farentino, qu'il emporta d'assaut, et rétablit partout la tranquillité dans la campagne romaine.

Le 2ᵉ bataillon obtenait des résultats semblables du côté de Terracine, qu'il prit, ainsi que plusieurs pièces de canon.

Le capitaine de grenadiers *Chamorin* entra le premier, à la tête de ses grenadiers, à Frosinone, qui fut prise d'assaut, et mérita d'être cité de nouveau à l'ordre du jour pour sa bravoure.

L'invasion des États-Romains par l'armée du roi de Naples le 24 novembre, fournit à la 12ᵉ demi-brigade de ligne l'occasion de se signaler à Civita-Castellana le 4 décembre.

Le 9, à la bataille d'Otricoli, le capitaine *Boumard*, avec 60 hommes, soutint le feu d'une colonne de Napolitains jusqu'à l'arrivée des grenadiers du bataillon dont il faisait partie.

Dans cette journée, les Napolitains furent complétements battus, et perdirent leur artillerie et leurs bagages.

A Escorto, près de Rome, le chef de bataillon *Vergez* enleva neuf pièces de canon à une colonne ennemie.

Ce chef de bataillon fut nommé depuis chef de bri-

gade de la 12ᵉ (5 mars 1799), par le général en chef
Macdonald, sur le champ de bataille.

§ 1. — CAMPAGNE DE NAPLES.

[1799]
Armée de Naples :
Général en chef
Championnet.
Ensuite :
Le général Macdonald.

La 12ᵉ demi-brigade, lancée à la poursuite de l'armée
de Naples, s'avança jusque sur Capoue; là, le 3ᵉ bataillon
mit en déroute une colonne qui menaçait de tourner
la division. Le sergent-major *Mitel* (depuis capitaine)
se distingua dans cette affaire et y fut blessé.

Le 9 janvier 1799, près de Caserte, la demi-brigade
dispersa une bande de paysans armés qui cherchaient
à s'emparer du quartier-général.

Le 20, elle contribua à l'attaque de Naples, et, le 21,
elle fut à la prise des hauteurs de Capo-di-Monte.

Le capitaine de grenadiers *Chamorin* se distingua
particulièrement dans cette journée. Le capitaine *Roque*
y trouva une mort glorieuse.

Tandis que le 1ᵉʳ bataillon attaquait le château, les
2ᵉ et 3ᵉ bataillons soutenaient dans Naples de sanglants
combats contre les *lazzaroni*, qui ne se soumirent
qu'après trois jours d'un véritable carnage.

Pendant l'attaque de Naples, et par suite d'un
malentendu, le chef de bataillon *Faugle* marcha,
avec sa fraction, sur le fort de l'Œuf et le prit; mais
le général en chef, qui avait ordonné de prendre le
Fort-Neuf et non le fort de l'Œuf, réprimanda assez
vertement le commandant *Faugle*. Celui-ci, sans se
déconcerter, répondit aussitôt : « Mon général, qu'à

cela ne tienne, nous allons enlever l'autre. » Il s'y porta immédiatement et s'empara de ce fort, ainsi qu'il l'avait dit.

A la prise du Fort-Neuf, le sous-lieutenant *Laluyé* franchit un mur pour arriver à la porte de ce poste.

Dans la marche de Naples sur le nord de l'Italie, où l'armée de *Macdonald* devait rejoindre celle de *Moreau*, la 12ᵉ demi-brigade fut arrêtée, le 12 mai, par les habitants d'Isola. Malgré la vigoureuse résistance qui lui fut opposée, elle s'empara de toutes les portes, et fraya le passage au reste de la division.

Le 12 juin, la 12ᵉ se signala à l'attaque de Modène, et contribua à la capture de 2,500 Autrichiens.

Le général en chef *Macdonald* fut blessé ce jour-là à la tête de la demi-brigade.

Vernier, soldat (depuis sous-lieutenant), prit une pièce de canon.

Après la prise de Modène, la 12ᵉ arrive à Plaisance le 18, et se trouve à la seconde journée de la bataille de la Trebbia, à laquelle elle prend part dans la division *Olivier*, dont elle faisait partie.

Restée, le 20, dans la ville après l'évacuation, elle est attaquée par toute l'avant-garde ennemie, et, grâce à son opiniâtre résistance, elle permet à l'armée d'opérer sa retraite en bon ordre.

Le lieutenant *Bordes* et le sous-lieutenant *Foussard* succombèrent glorieusement dans cette action.

§ 5. — 1799. — RETOUR EN FRANCE. — CAMPAGNE D'ITALIE.

Les pertes successives de la demi-brigade, dans la campagne de 1798-1799, l'ont réduite à un seul bataillon de guerre. Les cadres des autres bataillons sont renvoyés en France pour s'y réorganiser.

Le bataillon resté à l'armée d'Italie soutient l'honneur de la demi-brigade à la bataille de Novi (15 août) contre les Autrichiens.

Le capitaine *Vionnet de Maringoné* s'y distingue et y est blessé de deux coups de feu, ainsi que le sous-lieutenant *Aymard*.

Le 20, le chef de brigade *Verges*, avec sa poignée de braves, contribue, sur les hauteurs de Chiavari, à mettre en déroute le corps Klénau, et lui fait 400 prisonniers.

Le chef de brigade *Verges* est blessé d'un coup de feu à la hanche droite.

Au combat de Bosco, près Novi, le 24 octobre, le bataillon de la 12ᵉ soutient, sans être appuyé, plusieurs charges meurtrières, et parvient à repousser l'ennemi, qui se retire sur Alexandrie en abandonnant plusieurs canons.

Parmi les blessés sont : le chef de bataillon *Martin*, le capitaine *Philippier* (depuis chef de bataillon), le capitaine *Lurat*, les lieutenants *Genest* et *Martin*, les sous-lieutenants *Mocqueris*, *Holquin*, le sergent *Pélissier*, déjà cité, le caporal *François* (depuis capitaine), le caporal *Plissonneaux* (depuis lieutenant), et le soldat *Sabouraud* (Pierre), depuis lieutenant.

Le 4 novembre, le bataillon dégage la droite de la division, qui vient d'être coupée, et arrive à Novi malgré les attaques incessantes d'un corps nombreux de cavalerie autrichienne. Le 6, le bataillon, attaqué par des forces supérieures, se retire sur les troupes de la 2e ligne, qui, chargeant l'ennemi à la baïonnette, le repousse jusqu'à Novi.

L'adjudant-major *Lombard*, le lieutenant *Guyot* et le sous-lieutenant *Gille* sont blessés en donnant l'exemple de la plus remarquable bravoure.

Le 17 novembre, le bataillon, réuni à la 62e, enlève une compagnie de chasseurs d'Aspre du corps Klénau, tourne la position évacuée, et s'empare de magasins considérables qu'avait Klénau à Sestri-di-Levante.

Le 4 décembre, le chef de brigade *Vergez* se distingue encore en enfonçant la ligne ennemie, et en lui enlevant 5 canons et 2 caissons.

Le sergent-major *Lacroix* (depuis quartier-maître), envoyé le 17 décembre en reconnaissance sur la rivière de Gênes pour avoir des renseignements sur l'ennemi afin de le surprendre, remplit cette mission avec une grande intelligence et un plein succès.

§ 6. — 1800. — CAMPAGNE D'ITALIE.

Le bataillon de la 12e, trop affaibli pour continuer la campagne, rentre en France le 8 février 1800 pour s'y réorganiser. A son arrivée à Chambéry, le 5 mars, il reçoit l'ordre de se rendre à Moustiers, et d'occuper les avant-postes du Petit Saint-Bernard et du mont Cenis. Bien que jugé hors d'état de prendre part aux premières opérations de l'armée d'Italie, le bataillon de la 12ᵉ est néanmoins associé aux opérations de l'armée de réserve.

Peu de temps avant le passage des Alpes par cette armée, 1,200 hommes du bataillon, sous les ordres du chef de la demi-brigade, sont chargés d'une expédition dans la vallée d'Aoste.

Les mouvements de ce petit corps furent si habilement exécutés, que les postes ennemis de Villeneuve-Saint-Nicolas et de Livrogne furent surpris et mirent bas les armes sans se défendre. Un détachement de la garnison d'Aoste, envoyé sur Villeneuve pour délivrer les prisonniers, fut culbuté et poursuivi jusque sous les murs de la première de ces places.

Le détachement de la 12ᵉ reprit, avec ses prisonniers, la direction du mont Saint-Bernard.

Réuni à la division *Chabran* (armée de réserve), le bataillon franchit le Saint-Bernard le 15 mai, et, après divers mouvements, arriva à Ivrée le 28.

Pendant la bataille de Marengo, le 14 juin, il est en position sur la rive gauche du Pô, à Sarterano, d'où il se rend ensuite à Imola (Romagne). Plus tard, il est envoyé à Genève, où il arrive le 16 septembre.

§ 7. — 1800. — CAMPAGNE DES GRISONS.

Mais le temps du repos n'était pas encore venu : on dirige le bataillon sur Berne, vers le 25 septembre, pour faire partie de la deuxième armée de réserve (général *Brune*). De là il est envoyé sur le lac de Constance, à Coire; il y trouve les deux bataillons provisoires qui avaient été réorganisés à Paris pour reconstituer la demi-brigade.

Le 3 décembre, la 12ᵉ passa le Mont-Splugen, et marcha deux jours dans la neige sans s'arrêter pour frayer le passage aux corps qui la suivaient. Elle se portait ensuite sur Trente, que le général *Macdonald* venait d'occuper.

L'armistice de Trévise mit fin à cette campagne, et les traités de Lunéville et d'Amiens rétablirent la paix entre la France et les puissances étrangères. Pendant cette longue guerre de 1792 à 1800, la 12ᵉ demi-brigade s'était souvent signalée en corps et individuellement. Les braves qui, survivant, avaient contribué personnellement aux avantages remportés par la demi-brigade, acquéraient des titres aux récompenses nationales instituées par l'arrêté du 4 nivôse an VIII (25 décembre 1799). Le bataillon qui avait échappé à tant de périls sans cesse renaissants sous ses pas eut une large part de ces récompenses. Le Premier Consul décerna des armes d'honneur aux officiers et soldats dont les noms suivent :

Un fusil au caporal *Astier*, « qui se fit souvent remarquer par sa bravoure en Italie dans la campagne de 1800 ».

Un fusil au grenadier *Bonnin* (Louis), « pour avoir fait 12 prisonniers dans une reconnaissance ».

Un fusil au tambour-major *Doucet*, et au caporal *Bonfillou*, « qui prirent une pièce de canon au village de Roses ».

Un fusil au caporal *Faure*, « qui était entré le premier dans un bois occupé par l'ennemi, et y avait fait deux prisonniers ».

Un sabre au lieutenant *Lamy*.

Un sabre au sergent *Sensenbrener*, « en récompense de sa bravoure remarquable, et pour avoir pris deux pièces de canon devant Mons (17 juillet 1791) ».

Un sabre au sous-lieutenant *Leblanc*.

Un fusil au sergent *Vernier* (Philibert), « pour s'être emparé de deux pièces de canon à la bataille de La Favorite, le 16 janvier 1797, et d'une autre à la prise de Modène, le 12 juin 1799 ».

Un sabre au capitaine *Vionnet de Maringoné*, « qui se distingua à Rivoli, à Novi et à Marengo ».

§ 8. — 1801-1803. — EN FRANCE.

De 1801 à 1803, on ne signale aucun fait important dans l'historique de la 12ᵉ demi-brigade. Nous la retrouvons, à cette dernière époque, au camp de Boulogne.

CHAPITRE III

(1803-1815)

12ᵉ RÉGIMENT D'INFANTERIE DE LIGNE.

La rupture du traité d'Amiens (mai 1803) fut suivie de la formation de l'armée d'expédition d'Angleterre, rassemblée dès l'année 1804 sur les côtes de l'Océan, au camp de Boulogne, en Hollande, dans le Hanovre et à Brest.

Le Premier Consul *Bonaparte* venait d'être proclamé empereur, et la réorganisation de l'armée était terminée.

Les régiments avaient été constitués de nouveau. Par arrêté des Consuls du 1ᵉʳ vendémiaire an XII (21 septembre 1803), la *12ᵉ Demi-Brigade* était devenue le *12ᵉ Régiment d'Infanterie de Ligne*. La grande fusion des armées du Nord, de Sambre-et-Meuse, du Bas-Rhin, d'Italie, d'Egypte, s'opérait dans les camps, où toutes les gloires confondues étouffaient les rivalités. Les noms de nos illustrations militaires allaient être absorbés bientôt par un seul, celui d'un soldat devenu illustre dans cette période de grandeur militaire de notre pays.

L'ordre du jour du 30 août annonça que l'armée des côtes de l'Océan s'appellerait dès ce jour la *Grande-Armée*.

Mais, au lieu de débarquer sur les côtes d'Angleterre, c'est sur le Rhin qu'elle va marcher pour repousser la troisième coalition.

En effet, dès le 8 avril 1805, l'Angleterre avait soulevé contre nous la Suède, les Deux-Siciles, la Russie et la Turquie. Le 10 août, l'Autriche avait adhéré à la ligue.

Le 12e de ligne, placé dans la 3e division du 3e corps, quitta le camp d'Ambleteuse, avec le corps d'armée, du 2 au 5 septembre, et marcha sur Manheim, où tout le corps fut rendu le 25 de ce mois. Il fut ensuite dirigé sur Neuburg et Dachau.

Après la prise d'Ulm, le 12e fut envoyé sur Mühldorf. Il eut sur ce point son premier engagement contre les Russes, qui en brûlèrent le pont en se retirant.

Au passage de la Salza, à Craiburg, par la division *Gudin*, le sergent-major *Bonfillou*, avec 15 grenadiers, traversa la rivière dans un bateau; arrivé sur la rive opposée, il parvint, malgré la présence de 500 ennemis, à s'emparer du bourgmestre, qu'il amena au général *Gudin*.

Le régiment passa ensuite la Moraw sous le feu de l'ennemi, et s'y distingua.

Le 4 novembre, le régiment arriva à Steyer; le 23, il était à Presburg.

Le 27 du même mois, le colonel *Verges* se rendit, pendant la nuit, au pont de Neudorf; il avait avec lui un détachement commandé par le capitaine *Marbœuf;* cet officier se conduisit avec une bravoure remarquable, et, parfaitement secondé par les lieutenants *Bizot, Laluyé, Guyot,* et les sous-lieutenants *Jan, Godefroy* et *Ripert,* il s'empara de 30 hussards montés.

§ 1er. — 1805. — AUSTERLITZ.

Malgré la rapidité de sa marche, le régiment ne put arriver à Nicolsburg le jour de la bataille d'Austerlitz; toutefois, dans la soirée, il put prendre part à l'action, et se signaler en débordant l'armée russe par l'extrême droite de la Grande-Armée.

Après Austerlitz, le 12e occupa Presburg.

L'armistice, signé le 6 décembre, fit cesser les hostilités, et fut bientôt suivi de la paix de Presburg (26 décembre).

§ 2. — 1806. — AUERSTAEDT, CZARNOWO, PULTUSK.

Après la paix de Presburg, le 12e fut envoyé en Franconie avec les autres troupes du 3e corps.

Napoléon avait cru pouvoir revenir à Paris; mais bientôt prévenu que des détachements du roi Guillaume avaient attaqué un détachement français, il résolut de marcher sur la Prusse, et d'anéantir son armée comme il venait de le faire de l'armée autrichienne.

Le 3° corps se réunit à Bamberg, le 30 septembre, pour y former le centre de la Grande-Armée. Il marcha sur Cronach et Naumburg; le 13 octobre, il se trouvait en présence de l'ennemi.

Dans la campagne d'Autriche, le 12° avait eu peu d'affaires de guerre, et sa participation aux résultats obtenus s'était fait sentir bien plus par des marches continuelles que par des combats.

Dans la campagne de Prusse, il va prendre une très-grande et très-glorieuse part aux batailles livrées aux Prussiens et aux Russes, et il s'y montrera encore fidèle à ses honorables traditions.

Auerstaëdt (14 octobre 1806).

Pendant que l'empereur *Napoléon* combat et défait l'armée du prince de Hohenlohe à Iéna, le maréchal *Davoust*, avec les seules divisions *Gudin*, *Morand* et *Friant*, de son corps, se heurte à Auerstaëdt au gros de l'armée royale de Prusse, et remporte sur elle une victoire éclatante malgré la supériorité numérique de celle-ci.

La 3° division (général *Gudin*), dont le 12° faisait partie, passe la Saale à Kœsen, le 14, à six heures du matin.

Le brouillard ne permettait pas de se voir à portée de pistolet. Plusieurs charges de la cavalerie ennemie (général Blücher) sont repoussées, et 12 pièces de canon restent en notre pouvoir.

Les Prussiens, étonnés, hésitent un instant. Le général Blücher charge de nouveau la division *Gudin*; mais ses escadrons viennent se briser contre nos carrés sans en entamer un seul, et se replient dans le plus grand désordre.

Vers neuf heures, le brouillard se dissipe, et le duc de Brunswick, ralliant toutes ses forces, attaque avec fureur l'aile gauche du maréchal *Davoust* pour la déborder.

La brigade *Petit*, de la division *Gudin* (12ᵉ et 21ᵉ), est envoyée au secours du 25ᵉ de ligne au village d'Hassenhausen, ainsi que le 85ᵉ, opposés en première ligne à la formidable colonne prussienne; ils désorganisent par leur feu les bataillons ennemis, et font échouer l'attaque par leur valeur héroïque.

Leur intrépidité et leur dévouement, dans cette journée, assurèrent le gain de la bataille.

En effet, après cet échec des Prussiens, toute la ligne française se reporte en avant, et la division *Gudin* force le village de Tauchwitz.

Vers quatre heures, une division de réserve de l'ennemi prend position sur le plateau d'Eckartsberge.

Le général *Gudin*, débouchant de Tauchwitz, se porte avec le maréchal sur la gauche du plateau : 100 hommes des 12ᵉ et 21ᵉ gravissent l'escarpement, sous les ordres du général *Petit*, sans riposter au feu de l'artillerie et de la mousqueterie qui pleuvait sur eux, et chargent l'ennemi à la baïonnette, lequel, en se retirant en désordre, laisse en notre pouvoir vingt-deux pièces de canon.

A cinq heures, la bataille était gagnée.

Une grande part du succès de la journée revenait au 12e régiment : officiers et soldats avaient donné des preuves multipliées de courage et de bravoure.

Cette bataille avait coûté cher au 12e d'infanterie : son colonel, le brave *Verges*, grièvement blessé, avait confié sa dernière pensée à un officier du corps : « Allez dire à l'Empereur que je meurs pour son service, et que je meurs sans regret. »

Le cinquième bulletin annonçait effectivement la mort du colonel *Verges*, qui, le corps traversé par trois balles, était resté inanimé sur le champ de bataille. Il fut heureusement, et contre tout espoir, rappelé à la vie et conservé à l'armée. Dès que l'Empereur en fut informé, il le nomma général (décret du 23 octobre 1806).

Parmi les blessés étaient :

Les capitaines *Philippier* (depuis chef de bataillon), *Guerry* et *Argenton* (morts de leurs blessures), *Boumard*, *Lebon*, *Dechambe*, *Renault;*

Les lieutenants *Sensenbrener* (mort de ses blessures), *Robert* (depuis chef de bataillon au corps), et *Chatillon;* les sous-lieutenants *Caillot* (depuis capitaine), *Plissonneaux*, *Monnier*, *Bouyer* (depuis lieutenants), *Ripert;*

L'adjudant *Boudin* (depuis capitaine) ;

Les sergents-majors *Gérard* (depuis chef de bataillon), *Boucherie;*

Les sergents *Buret* (depuis capitaine), *Rancurel*, *Mignard* (depuis sous-lieutenants), *Barboteaux*, fourrier (depuis lieutenant);

Les caporaux *Henry, Etienne, Berlaud, Hiérard* (depuis capitaines), *Châtellier* (depuis adjudant-major), *Dresnaud, Martin, Thouvenin, Gilbert* (depuis lieutenants);

Cointin, soldat (depuis lieutenant);

Au nombre des tués sur le champ de bataille, étaient les capitaines *Marou, Minon, Chapellier;*

Les lieutenants *Humbert* (Frédéric), *Dessoindre, Leblanc;*

Les sous-lieutenants *Palato, Bouteillier, Léger* et *Viard.*

Le lieutenant *Laluyé* (depuis chef de bataillon au 17ᵉ de ligne), et beaucoup d'autres dont on regrette de ne pouvoir citer les noms, se couvrirent de gloire à la bataille d'Auerstaëdt.

En récompense de sa belle conduite dans la journée du 14, le 3ᵉ corps eut l'honneur, le 27 octobre, d'entrer le premier dans Berlin.

Le maréchal *Davoust* reçut le titre de *duc d'Auerstaëdt*, et 500 croix de la Légion d'honneur furent distribuées aux officiers, sous-officiers et soldats de son corps d'armée.

Le 12ᵉ de ligne ne séjourna pas longtemps à Berlin. Après avoir été passé en revue par l'Empereur, le 28 octobre, avec les autres troupes du 3ᵉ corps, il quitta cette ville le 29, avec la division *Gudin*, pour se porter sur Custrin.

Les habiles dispositions du général *Gudin*, parfaitement secondé par le général de brigade *Petit* et le dévouement des troupes, amenèrent promptement la capitulation de cette place.

Le 1er novembre, 4,000 hommes environ se rendirent prisonniers au général *Petit*.

Dès que Custrin fut prise, le 3e corps reçut l'ordre de se porter sur Meveritz. Il y entra le 9 novembre 1806, et atteignit Varsovie le 30.

Le 10 décembre, il entrait dans Modlin.

Combat de Czarnowo (24 décembre).

Dans la nuit du 23 au 24 décembre, le 12e, ayant à sa tête le général *Petit,* passa bravement le Bug, se précipita sur les redoutes du pont de Czarnowo, défendues par les Russes venus au secours des Prussiens, et les enleva à la baïonnette. Les autres troupes du 3e corps passèrent à sa suite.

Ce combat se livra sous les yeux de l'Empereur, qui félicita vivement le général *Petit* et ses troupes.

Au nombre des braves que le 12e eut à regretter dans cette affaire se trouvèrent, parmi les morts, le capitaine *Fournier* et le lieutenant *Noël;* parmi les blessés, le lieutenant *Nicourt* (Joseph), le sergent-major *Pierson* (depuis sous-lieutenant), et le sergent *Buret* (depuis capitaine).

Combat de Pultusk (26 décembre).

Le lendemain des combats de Czarnowo, le 3e corps marcha sur Nazielsk, où l'avant-garde de l'armée russe fut battue.

Le 25, le maréchal *Davoust*, suivant l'ennemi qui se retirait, arriva à Pultusk.

Tout le corps du général russe Benningsen s'était réuni, pendant la nuit, sur ce point.

A dix heures du matin, le 26, s'engagea un combat opiniâtre de part et d'autre, qui dura jusqu'à la nuit, et qui se termina par la défaite des Russes.

Cette affaire fut encore une occasion de gloire pour le 12ᵉ de ligne, qui y fit quelques pertes.

Parmi les blessés étaient le capitaine *Laluyé* (depuis chef de bataillon au 12ᵉ de ligne), le sergent *Porte* (depuis capitaine), les sergents *Antoine*, *Bouyer* (depuis lieutenants), et le sergent *Masson* (depuis sous-lieutenant).

§ 3. — 1807. — EYLAU.

Après l'échec des Russes à Pultusk et celui qu'essuyèrent les Prussiens en même temps à Soldau, l'Empereur, assuré de la retraite de l'ennemi, donna des cantonnements à la Grande-Armée.

Le 12ᵉ fut cantonné sur la rive gauche de l'Ukra jusqu'au 26 janvier 1807.

Dès le 16 janvier, le 3ᵉ corps avait été inquiété par des mouvements de l'ennemi entre le Bug et la Narew.

L'Empereur se décida à reprendre l'offensive.

Le 12ᵉ fit sa jonction à Pultusk avec les autres troupes du 3ᵉ corps, qui marcha sur Mysnize, Ortelsburg, Wartemburg, Guttstadt, Heilsberg, et qui arriva le 7 février au soir à deux lieues d'Eylau.

L'armée russe couronnait les hauteurs au-delà de ce point.

Le 8, à la pointe du jour, les Russes attaquèrent.

Le 3ᵉ corps arrive sur le champ de bataille, attaque avec impétuosité la gauche de l'armée russe, la culbute, la chasse de Serpalten, et la poursuit jusque dans les bois de Klein-Sausgarten, village qui fut occupé et conservé.

Portant ensuite en avant la division *Gudin*, le maréchal *Davoust* enlève le plateau entre Auklappen et Kutschitten.

Le 3ᵉ corps avait noblement rempli sa tâche.

Vers quatre heures, arrive le corps prussien du général Lestocq, qui a échappé au maréchal *Ney*. Il ne peut enlever la victoire à l'armée française ; mais il va sauver l'armée russe d'une entière défaite. C'est une seconde bataille dans la même journée que va livrer le 3ᵉ corps.

Le général Lestocq reprend Kutschitten malgré la résistance du 6ᵉ léger et du 59ᵉ de ligne ; mais il ne peut se rendre maître d'Auklappen.

La nuit approche ; le maréchal *Davoust* rassemble les troupes qui lui restent, parcourt les rangs, et s'écrie : « C'est ici que les braves trouveront une mort glorieuse ! Les lâches iront périr dans les déserts de la Sibérie ! »

L'intrépidité des troupes du 3ᵉ corps triomphe enfin des efforts répétés des Prussiens et des Russes.

A dix heures du soir, le général Benningsen donne l'ordre de la retraite, laissant sur le champ de bataille 5 à 6,000 morts, 24 pièces de canon, 16 drapeaux. Il avait, en outre, 20,000 blessés.

La Grande-Armée eut à regretter 2,000 morts et 15 à 16,000 blessés.

Le 12ᵉ de ligne eut sa part de ces pertes.

Parmi les blessés, étaient le sergent *Dresnaud* (depuis lieutenant), le caporal *Richelet* (depuis lieutenant). Le capitaine *Godard* (Charles) fut au nombre de ceux qui moururent au champ d'honneur.

Le 12ᵉ de ligne fut ensuite cantonné sur la rive gauche de la Passarge; il y souffrit beaucoup : il eut bientôt à supporter d'affreuses maladies, qui attaquèrent même les paysans de ces contrées ravagées, et qui y firent un grand nombre de victimes.

A la suite de ces combats glorieux, le 12ᵉ reçut 18 croix de chevalier, qui furent données aux capitaines *Moteau, Renaud, Bonnard, Gruau, Hobquin, Fusier, Guyot;* aux lieutenants *Ripert, Drouaillet;* aux sous-lieutenants *Lazare, Carré;* à l'adjudant *Antoine;* aux sergents *Burelle, Porte;* au fourrier *Garnier;* au caporal *Mulot;* au voltigeur *Pageot;* au grenadier *Voisin.*

§ 1. — 1807. HEILSBERG, FRIEDLAND.

Des renforts étant arrivés aux Russes vers le milieu du mois de mai, le général Benningsen reprit l'offensive le 4 juin.

Le 6, les Russes attaquèrent le 6ᵉ corps (maréchal *Ney)* à Deppen. Soutenu par le 3ᵉ, il put repousser les Russes.

La division *Gudin*, particulièrement, concourut effi-
cacement à la belle défense du maréchal *Ney*.

Le 8, l'empereur *Napoléon*, prenant à son tour
l'offensive, contraignit les Russes à rétrograder sur
Heilsberg.

Le maréchal *Davoust* eut l'ordre d'arriver le 10 à
Altkirch afin de couper, pendant la bataille, la route
d'Heilsberg à Kœnigsberg. Le mouvement réussit plei-
nement, et Benningsen, se voyant coupé de sa communication directe avec Kœnigsberg, se hâta de se porter,
dès le 11, sur Friedland.

Après la bataille d'Heilsberg, toute l'armée française
se porta en avant.

Le 12, le maréchal *Davoust* arriva à Eylau ; il continua son mouvement sur Kœnigsberg, suivant le
4ᵉ corps (maréchal *Soult*), et concourut, le 14, jour
de la bataille de Friedland, à l'investissement de cette
place.

La division *Gudin*, qui était en tête de colonne,
enleva le village de Rasthoff à la baïonnette.

Dans cette action, le fourrier *Bichelet* et le caporal
Campenon (depuis lieutenants) furent blessés.

Le lendemain de la bataille de Friedland, où les
Russes avaient été complétement défaits, le 12ᵉ, lancé
à leur poursuite, atteignit leur arrière-garde après
une marche forcée de vingt-trois heures, et leur fit un
grand nombre de prisonniers.

Le 21, l'armistice demandé par le général Benningsen fut signé, et termina la campagne.

La paix fut conclue à Tilsitt le 9 juillet.

A la paix de Tilsitt, le 12e occupait le camp qui se trouvait devant cette ville; il y fut passé en revue par l'empereur *Napoléon*, l'empereur Alexandre, et le roi de Prusse Frédéric-Guillaume III.

Le 12e fut ensuite cantonné dans les environs de Francfort-sur-l'Oder; il occupa successivement Reppen et Blankemburg. Il fut envoyé, au printemps de 1809, dans la Silésie; mais il fut aussitôt rappelé et dirigé sur Bayreuth et Bamberg pour prendre part à la guerre contre l'Autriche.

§ 5. — 1809. — THANN, ABENSBERG, ECKMUHL, RATISBONNE, ENGERAU.

L'Autriche, soudoyée par l'Angleterre, voulant profiter du moment où *Napoléon* était à la tête de l'armée d'Espagne, avait repris les armes. A cette nouvelle, l'Empereur donna l'ordre aux différents corps de son armée d'Allemagne de se concentrer.

C'est à Bamberg qu'eut lieu cette concentration pour le corps *Davoust*, dans lequel le 12e faisait toujours partie de la division *Gudin*.

Toute l'armée marcha sur Vienne.

Le 19 avril 1809, le 12e eut son premier engagement à Thann : l'action fut vive et dura de neuf heures du matin à six heures du soir. Presque tous les généraux du 3e corps y furent blessés.

Dès ce jour, commença cette série de combats que l'on pourrait appeler des batailles, et où le 12e régiment ajouta encore à sa brillante réputation.

Le 20 avril, à la bataille d'Abensberg, le 12ᵉ culbuta tout ce qui se trouvait devant lui, et se porta sur Rohr et Rottemburg.

Le 21, il assista au combat de Landshut.

Le 22, à la bataille d'Eckmühl, le 12ᵉ attaqua l'ennemi par sa gauche, le déborda et occupa le bois et les collines de Roking, contribuant ainsi pour une large part au succès de cette glorieuse journée, qui valut au maréchal *Davoust* le titre de *prince d'Eckmühl*.

Le 12ᵉ perdit dans cette journée 300 hommes tués, et avec eux plusieurs officiers de mérite. Le lieutenant *Bourdet* (depuis capitaine), l'adjudant *Antoine* et le sergent *Thouvenin* (depuis lieutenants), se trouvèrent parmi les blessés du régiment.

Le 23, à la prise de Ratisbonne, le 12ᵉ, que *Napoléon* appelait *le Brave*, trouva l'occasion de montrer qu'il était digne de ce nom : plusieurs officiers et soldats y furent tués. Parmi les blessés étaient le capitaine *Pélissier*, le sous-lieutenant *Roussel*, les fourriers *Paris* et *Abraham* (depuis lieutenants).

Le 12ᵉ prit part aux opérations de la marche sur Vienne, où il entra le 20 mai. Le 21, il se trouvait à Ebersdorf; mais il ne put, à son grand regret, prendre part à la bataille d'Esling, à cause de la rupture des ponts du Danube.

Un sergent-major du 12ᵉ, *Rancurel* (depuis sous-lieutenant), fut cependant blessé le 22 mai.

Après cette sanglante bataille, le 12ᵉ contribua à empêcher la jonction de l'armée autrichienne d'Italie avec celle du prince Charles.

Il se signala dans cette expédition, le 3 juin, à Engerau, village où 9,000 ennemis s'étaient retranchés.

Le maréchal *Davoust* les fit attaquer par les tirailleurs de Hesse-Darmstadt, soutenus par le 12ᵉ de ligne. En un clin d'œil le village fut emporté.

1 major, 8 officiers du régiment de Beaulieu, et avec eux le petit-fils du feld-maréchal et 400 hommes, furent faits prisonniers de guerre. Le reste du régiment fut tué, blessé ou précipité dans le fleuve.

Les débris de la division autrichienne ne durent leur salut qu'à une fuite précipitée.

Dans cette affaire, le 12ᵉ était commandé par le chef de bataillon *Pierre*, l'un des braves de l'armée d'Égypte, en l'absence du colonel *Müller*, envoyé en France.

Le général *Petit*, qui commandait la brigade avec tant de gloire depuis 1806, fut frappé d'une balle à la tête et mourut sur le champ de bataille.

Au combat d'Engerau, le 12ᵉ perdit 400 hommes et 36 officiers tués ou blessés; parmi ceux-ci étaient : le chef de bataillon *Becker* (depuis major au 127ᵉ régiment); l'adjudant-major *Michelet*; *Bonfillou*, premier porte-aigle (depuis capitaine de grenadiers); *Carot*, porte-aigle; *Fusier*, capitaine (depuis chef de bataillon au 21ᵉ de ligne); les capitaines *Masseraud*, *Milet*, *Bourdot*; les lieutenants *Thiéry*, *de Beaulieu*; le sous-lieutenant *Iliaguy*; l'adjudant *Pierson* (depuis sous-lieutenant); les sergents-majors *Senault* (depuis adjudant-major), *Bouyer* (depuis lieutenant); le sergent

Porte (depuis capitaine); le caporal *Pradel* (depuis lieutenant).

Après ce combat, le 12°, envoyé à Kugendorf, sur la rive droite du Danube, pour relier le 3° corps à l'armée d'Italie, venait d'arriver devant Raab.

Le 12° trouva encore là l'occasion de se distinguer: les officiers et soldats nageurs du régiment s'emparèrent de l'île de Schutt, y prirent deux canons et y firent 300 prisonniers. Le régiment resta jusqu'au 3 juillet devant Presburg, obligea l'ennemi à renoncer à la construction d'un pont qu'il voulait y établir, et se rendit ensuite dans l'île de Lobau pour aller combattre à Wagram.

§ 6. — 1809. — WAGRAM.

Le 5 juillet, le 3° corps, dont faisait toujours partie le 12° régiment, marcha vers la tour de Neusiedel, et attaqua les retranchements et les villages de la rivière du Russbach. La nuit mit fin au combat, commencé tard, et les troupes reprirent leurs positions.

Le 6, dès la pointe du jour, l'ennemi prend l'offensive. Le maréchal *Davoust* attaque Neusiedel par les deux rives du Russbach. Le 12° se dirige sur le village par la rive droite. Après un combat opiniâtre, la tour de Neusiedel est emportée à midi.

Ce fut alors que l'Empereur ordonna cette charge générale qui eut l'effet prodigieux qu'il en attendait.

Le maréchal *Davoust* culbuta les masses et les carrés

du prince de Hohenzollern, tandis que le corps *Oudinot* enlevait Wagram. L'armée autrichienne se mit en retraite.

21,000 Autrichiens tués ou blessés, 3 généraux morts, 10 blessés, parmi lesquels le prince Charles, 20,000 prisonniers, 30 canons, plusieurs drapeaux, furent les trophées de la victoire de Wagram.

Le 12ᵉ d'infanterie, qui avait pris une part glorieuse à la bataille, eut un grand nombre d'officiers hors de combat. Les soldats méritèrent les éloges de l'Empereur pour l'énergie et le courage avec lesquels ils avaient repoussé l'ennemi au-delà du Flosgraben.

L'Empereur, en les passant en revue, les récompensa par un grand nombre de décorations et de promotions. Le chef de bataillon *Pierre* fut nommé major dans la garde impériale, et le brave commandant *Thoulouze*, du 33ᵉ de ligne, fut promu colonel au 12ᵉ.

Cet officier supérieur fut reçu avec acclamations par le régiment. A Aboukir, il avait fait prisonnier le pacha qui commandait l'armée turque. Sa réputation de bravoure était incontestée; couvert de blessures, cité plusieurs fois pour ses actes de courage, il était aimé et estimé de tous, particulièrement au corps du prince *d'Eckmühl*.

Indépendamment des braves que le 12ᵉ eut à regretter, le régiment comptait un grand nombre d'officiers et de soldats couverts d'honorables blessures; parmi eux on citait particulièrement : les chefs de bataillon *Hémon*, *Montegremar* et *Guyot*; le capitaine *Laluyé;* les lieutenants *de Rumigny*, *Caillot*, *Fougery*, *Baron*, *Delaune*, *Thiéry*, *Boucherie* et *François;* les sous-lieutenants *Antoine*, *Moustardier* et *Rota;* les adjudants sous-officiers *Mitel* (Antoine) (depuis capitaine), *Gérard* (depuis lieutenant); les sergents-majors *Berlaud* (depuis capitaine), *Barboteaux* (depuis lieutenant), *Benoît*, *Marchand*, *Millot*, *Decert* et *Varenne* (depuis sous-lieutenants; les sergents *Gilbert* et *Hiérard* (depuis capitaines); *Rosier* (depuis adjudant-major); *Pradel*, *Deidoux* (depuis lieutenants); *Cordon*, *Dauvé*, *Mignard*, *Masson*, *Perceau*, *Gallier* (depuis sous-lieutenants).

Après l'armistice de Znaïm (12 juillet), conséquence de la bataille de Wagram, le régiment alla occuper le camp de Brünn, en Moravie.

Dans le mois de septembre suivant, l'Empereur passa en revue le régiment sur le champ de bataille d'Austerlitz.

De Brünn, le régiment fut envoyé à Vienne. Après la paix de Vienne (14 octobre 1809), il fut dirigé successivement sur la Bavière, puis sur Magdeburg.

§ 7. — 1810-1811. — MAGDEBURG ET HANOVRE.

Le 12° passa la majeure partie de l'année 1810 à Magdeburg, l'hiver de 1810 à 1811 à Hanovre, puis il retourna à Magdeburg dans le courant de cette dernière année.

§ 8. — 1812. — CAMPAGNE DE RUSSIE.

Le 1ᵉʳ janvier 1812, le 12ᵉ de ligne était à Stettin; il fut envoyé en Pologne au printemps, de là on le dirigea sur la Vieille-Prusse, où il occupa les environs de Thorn et de Gollup; il alla ensuite concourir à la formation du camp de Gombin.

C'est à ce moment que l'empereur Alexandre rompit le traité de Tilsitt en ouvrant ses ports au commerce anglais. Ce fut le signal de la guerre. La campagne s'ouvrit par le passage du Niémen le 24 juin.

Le 12ᵉ régiment d'infanterie de ligne, toujours dans la division *Gudin*, qui fut comprise dans le 1ᵉʳ corps d'armée (*Davoust*), était alors composé de 5 bataillons comptant 3,400 baïonnettes. Il soutint glorieusement sa vieille réputation, et prit part aux opérations suivantes :

Prise de Wilna (28 juin);
Prise du camp retranché de Drissa (18 juillet);
Passage de la Dwina (20 juillet);
Prise de Witepsk (28 juillet);
Passage du Dniéper à Rasasna (14 août);
Bataille de Smolensk (du 17 au 18 août).

À l'assaut de Smolensk, le 12ᵉ aborda l'ennemi avec une grande vigueur dans les faubourgs de la porte de Krasnoï, et son impétuosité força les Russes à se jeter en désordre vers cette issue, où un grand nombre d'entre eux furent tués ou écrasés.

[1812]
Grande-Armée.
1ᵉʳ corps :
Le maréchal prince d'Eckmühl.
2ᵐᵉ division :
Général Gudin.
Ensuite :
Le général baron Gérard
(depuis maréchal de France).

La ville s'étant rendue la nuit suivante, le 12ᵉ la traversa et se dirigea sur la route de Moskow.

Pendant l'attaque, un sergent de grenadiers du 1ᵉʳ bataillon tua le gouverneur de la ville.

Dans cette journée, le 12ᵉ perdit le capitaine *Delaune*, les lieutenants *Monnier*, *Masson*, *Moraggi*, et le sous-lieutenant *Pierson*. Parmi les blessés se trouvaient le capitaine *de Beaulieu*, les lieutenants *Thiéry*, *Rouy*, *Chapuy*, *Senault*, le sous-lieutenant *Barboteaux*, les sergents-majors *Mignard*, *Blavier*, *Cousin* (devenus sous-lieutenants).

A cette bataille, dit le 13ᵉ bulletin, « toutes les troupes ont rivalisé d'intrépidité ».

Le combat de Valoutina (19 août) fut, pour le régiment, un des plus beaux faits d'armes de son histoire militaire.

Dès le début de l'action, le général *Gudin* fut frappé mortellement.

Le 12ᵉ fit de tels prodiges de valeur pour venger la mort de son général, que l'ennemi le prit pour un régiment de la Vieille-Garde.

Le chef de bataillon *Robert* enfonça la ligne ennemie avec son bataillon. Pendant l'action, et dans l'obscurité, il reçut un coup de feu dans la poitrine, et fut frappé de vingt-deux coups de lance. En outre, son cheval ayant été tué sous lui, il eut le bras cassé dans sa chute. Il était tellement mutilé qu'on le tint pour mort. Il guérit cependant de ses blessures, et fut nommé major au 27ᵉ de ligne.

Le chef de bataillon *Martin* fut cité pour son courage et sa valeur dans cette affaire.

Le lieutenant *Étienne* fit prisonnier le général Tuschkof.

Le lieutenant *Rouby* (Pierre), avec 120 hommes, fut chargé de défendre une position qu'il conserva pendant neuf heures. Il fut décoré et nommé capitaine.

Le tambour-major *Vingard* assomma d'un coup de sa canne un officier russe.

Le brave colonel *Thoulouze* fut frappé mortellement par un boulet.

Le chef de bataillon *Hémon* fut tué, ainsi que les capitaines *François*, *Guérinot*, *Roussel*, *François* (Louis), et le sous-lieutenant *Bastide*.

Les capitaines *Dehis* (depuis chef de bataillon) et *Martin* (des grenadiers); les lieutenants *Antoine*, *Willemant*, *Hédiard*; les sous-lieutenants *Sarazin*, *Joannas*, *Rosier* (depuis adjudant-major), *Dauré*, *Millot*, et le sergent *Girardin* (depuis sous-lieutenant), se trouvèrent parmi les blessés.

Le major en second *Clément* mourut de ses blessures.

Le combat de Valoutina coûta au régiment 1,500 hommes tués ou blessés.

Le lendemain, à trois heures du matin, l'Empereur distribua, sur le champ de bataille, d'après le choix fait au cercle devant lui, et confirmé avec acclamations par les troupes, les récompenses qui avaient été si noblement méritées.

Le 12ᵉ reçut 30 croix de la Légion d'honneur, qui

4

furent décernées aux capitaines *Brets, Dehis, Petit-jean, Carré, Lécu, de Rumigny, de Beaulieu, Humbert;*

Aux lieutenants *Étienne, Rota, Leclerc, Villemain, Rouby, Boyer, Berlaud, Barzin;*

Au tambour-major *Vingard;*

Au sergent *Vacheron;*

Aux soldats *Gilbert, Frédéric, Ganavial, Marchiduc, Georget* (Louis), *Gaudier, Becker, Varenne, Hugot, Pitois;*

Au grenadier *Lefèvre;*

Au canonnier *Houlier.*

Le général *Gérard* remplaça dans le commandement de la division le regretté général *Gudin.*

Bataille de la Moskowa (7 septembre).

La division *Gérard* avait été détachée au 4ᵉ corps (vice-roi d'Italie), lequel, le 5 septembre, déborda l'arrière-garde de l'ennemi, et s'établit sur les hauteurs qui sont en face de Borodino.

Le 7, à six heures du matin, l'action commença.

Le 12ᵉ de ligne fut envoyé en avant de la grande redoute pour contenir l'ennemi.

A deux heures, l'Empereur donna l'ordre d'enlever cette redoute.

Le 12ᵉ s'y précipita sous une grêle de boulets, en chassa les Russes et s'y maintint.

La perte du 12ᵉ fut de 400 hommes et de 15 officiers.

Le général *Gérard* témoigna sa satisfaction au régiment pour sa brillante conduite dans cette affaire.

Les lieutenants *Moustardier*, *Baillot*, *Barzin*, et les sous-lieutenants *Mognien* et *Delasse* étaient parmi les morts.

Le capitaine *Humbert* et le lieutenant *Leclerc* moururent des suites de leurs blessures.

Le chef de bataillon *Martin*; les capitaines *Dehis*, *Gérard* (depuis chef de bataillon), *Fougery*, *Étienne*, *Henry*; les adjudants-majors *Michelet*, *Bonfillou*; les lieutenants *Ceha*, *Lefècre* (Marin), *Hiérard*; les sous-lieutenants *Dresnaud*, *Campenon*; le fourrier *Doazan* se trouvèrent parmi les blessés.

Le 12ᵉ entra à Moskow le 14 septembre; il fut établi dans la caserne d'Alexandre Robna, et préserva de l'incendie tout le quartier qu'il occupait.

Retraite de Russie.

C'est alors que *Napoléon* se sentant trop éloigné de sa base d'opérations, que les Russes menaçaient, et craignant les rigueurs de l'hiver, ordonna cette retraite, devenue néfaste, où les éléments, déchaînés contre la Grande-Armée, vengèrent les défaites essuyées par les Russes depuis le Niémen jusqu'à Moscow.

Dans la retraite de Russie, le 12ᵉ de ligne suivit le mouvement du 1ᵉʳ corps et de la 3ᵉ division (général *Gérard*), dont il continua à faire partie.

Le 24 octobre, le 12ᵉ assista au combat de Maloja-roslawetz, où fut tué le lieutenant *Ricardat*. A partir de ce jour, le 1ᵉʳ corps ayant été désigné pour former l'arrière-garde, le 12ᵉ eut constamment à lutter contre les Cosaques, qui, fréquemment, furent repoussés avec vigueur, notamment dans les journées du 31 octobre et du 1ᵉʳ novembre.

Dès cette époque, les pertes considérables en chevaux obligèrent à faire le sacrifice des bagages et même des caissons de munitions. A l'arrière-garde, le 1ᵉʳ corps avait la pénible mission de faire sauter les caissons et de brûler les bagages.

La rigueur du climat se faisait déjà sentir, et devenait chaque jour plus funeste à l'armée, laquelle était sans cesse harcelée par des masses ennemies considérables.

Le 3 novembre, à Wiazma, où la division s'empara de deux pièces de canon, le 12ᵉ trouva encore l'occasion de se distinguer. Il perdit dans cette journée un grand nombre d'officiers et de soldats. On cite parmi les blessés : les chefs de bataillon *de Beaufort* et *Gérard*, le capitaine *Roussel*, le lieutenant *Lefèvre* (Marin) et le sous-lieutenant *Blavier*.

Le 3ᵉ corps (maréchal *Ney*) remplaça alors le 1ᵉʳ corps à l'arrière-garde.

A ce moment, le froid ayant augmenté d'intensité, le nombre des victimes s'accrut d'une manière effrayante.

On arriva à Smolensk le 9 novembre.

Mais les dangers que courait journellement la Grande-Armée, ses pertes continuelles ne permirent pas de rester à Smolensk. Il fallut gagner au plus tôt Minsk, ou au moins la Bérézina, et passer cette rivière avant que l'ennemi ne s'y fût porté.

L'armée se remit en marche les 14, 15 et 16.

Le 17 novembre, le 12ᵉ se signala encore à Krasnoë,

où le 1ᵉʳ corps, avec moins de 10,000 hommes, lutta contre 60,000 ennemis, et parvint à forcer le passage.

La division *Gérard* réussit, par son opiniâtreté et sa remarquable bravoure, à se maintenir à Orcha pour y attendre le maréchal *Ney*, lui permettant ainsi de rallier l'armée.

L'Empereur quitta Orcha le 21 novembre, et l'armée marcha sur la Bérézina.

Le 26 et le 27, on passa cette rivière.

Du 29 novembre jusqu'au 5 décembre, jour de l'arrivée à Smorgoni, les corps d'armée, sans cesse en proie à toutes les horreurs de la faim, d'un froid excessif et de la plus affreuse misère, tendirent à se désorganiser et à marcher en désordre.

À cette funeste époque de notre histoire militaire, le 12ᵉ sortit glorieux de toutes les terribles épreuves qui semblaient être le lot de ce brave régiment ; toujours le premier à l'attaque, et le dernier à la retraite, il ne faillit pas à sa tâche, et se dévoua jusqu'à la fin.

Des actes éclatants de bravoure et de courage se produisirent dans ses rangs chaque fois qu'il eut une attaque à repousser. Ainsi, le chef de bataillon *Dehis*, du 12ᵉ, à la tête de 80 hommes, ayant été attaqué par 1,500 Cosaques, les mit en déroute après leur avoir fait essuyer des pertes sérieuses. Mais, presque chaque jour aussi, les malheureux officiers et soldats qui n'avaient plus la force de suivre l'armée tombaient au pouvoir de l'ennemi. De ce nombre furent le chef de bataillon *Adam* ; les capitaines *Hiaguy*, *Porte*, *Dural*, *Roux*, *Dubreuil*, *Chaulandy*, *Berge*, *Etienne* ;

les lieutenants *Fritsch*, *Reynaud*, *Plissonneaux*, *Montreuil*, *Valette*, *Bouyet*, *Maucourant*, *Galabert*; les sous-lieutenants *Sabouraud*, *Marchand*, *Tison de Rilly*, *Rancurel*, *Abraham*, *Dauré*, *Assalit*, *Blavier*, *Charlé*.

Le 12ᵉ régiment, qui ne formait plus qu'une très-petite poignée d'hommes, se retira par Kowno, qu'il fut obligé de quitter par suite de la trahison des Prussiens du général Yorck, lesquels abandonnèrent le maréchal *Macdonald* pour passer aux Russes.

Le 12ᵉ se retira à Thorn, et y recueillit les débris de la retraite.

Le 3 janvier 1813, ces glorieux restes furent envoyés en avant de Bromberg, d'où ils chassèrent une division russe.

Après ce dernier succès, le 12ᵉ fut envoyé à Stettin, où il laissa deux compagnies pour garnison.

§ 9. — 1813. — CAMPAGNE DE SAXE.

Après la dernière campagne de 1812, le vice-roi d'Italie ayant reçu le commandement de la Grande-Armée à Posen, rassembla environ 12,000 combattants autour de lui. C'était tout ce qu'il restait de valide des 1ᵉʳ, 2ᵉ, 3ᵉ, 4ᵉ, 5ᵉ et 6ᵉ corps.

Le vice-roi réorganisa sa petite armée, qui prit le nom d'*Armée de l'Elbe*. Les officiers et les cadres en excédant du complet rentrèrent en France pour concourir à la formation des nouveaux corps qui s'organisaient avec une grande activité en vue de la campagne prochaine.

C'est ainsi que les cadres des 1ᵉʳ, 3ᵉ, 4ᵉ et 6ᵉ bataillons du 12ᵉ partirent pour Mézières, où se trouvait le Dépôt du régiment; ils servirent à former les 1ᵉʳ, 3ᵉ et 4ᵉ bataillons du corps.

Le 2ᵉ bataillon (79 hommes, officiers compris) fut réorganisé à Erfurth le 9 mars, et complété par un détachement de 727 hommmes venus du Dépôt. Il concourut à toutes les opérations de la division *Philippon* sur l'Elbe-Inférieur, et se signala à Rotzemburg le 25 avril, à Harrburg le 12 mai, et à la prise de Hamburg le 30.

Au 1ᵉʳ juillet, les quatre bataillons étaient ou à Magdeburg, ou en route pour s'y rendre. A l'expiration de l'armistice de Plesswitz, le 12ᵉ se trouva réuni en entier dans la division *Philippon* (1ʳᵉ division du 1ᵉʳ corps, — général comte *Vandamme*). Il n'avait plus que ses anciens cadres; mais les conscrits qui le composaient soutinrent sa vieille et brillante réputation.

Le 28 août, pendant la bataille de Dresde, le 12ᵉ enleva à la baïonnette le village de Gishubel, où les ennemis s'étaient retranchés. Il se distingua encore à Kulm les 29 et 30 août, au milieu des insuccès du général *Vandamme*, lequel fut fait prisonnier sur le champ de bataille dans cette dernière journée, et remplacé dans le commandement du 1ᵉʳ corps par le général *Mouton*, comte *de Lobau*.

Dans les deux combats de Kulm, le 12ᵉ fit de nombreuses pertes. Il eut à regretter les capitaines *Carot*, *Buret*, *de Beaulieu*, *Berland*, *Mayssart*, *Lecal;* les lieutenants *Ribot*, *Hédiard*, *Richelet*, *Paris.* Au nombre des blessés étaient le chef de bataillon *Monnier;* les capitaines *Rouy, Chapuy, Ceha, Delforge, Michelet;* le capitaine de grenadiers *Bonfillou* (le plus ancien soldat du régiment); l'adjudant-major *Senault;* les lieutenants *Dresnaud, Lefèvre, Cordon, Thourenin;* les sous-lieutenants *Michel, Garnesson, Girardin, Perceau;* le sergent-major *Hobart* (depuis sous-lieutenant).

Le 11 septembre, au combat de Peterswald, le chef de bataillon *Monnier* et le lieutenant *Garnesson* furent blessés de nouveau; les capitaines *Watelié, Bassour,* et le lieutenant *Martin* furent tués.

Le 12° prit part aux combats de Karwitz le 16 septembre, de Kulm le 17, et concourut à la défense de Dresde sous les ordres du maréchal *Gourion-Saint-Cyr.*

Le 10 octobre, le capitaine *Trouslot*, du 12°, fut blessé dans une affaire d'avant-garde.

Le 19, à Dohna, les Russes furent attaqués et repoussés par la division, avec une perte de 1,200 prisonniers, 10 pièces de canon, 20 caissons, et un équipage de pont.

Le 12° comptait, parmi ses blessés, le lieutenant *Pradel*, et les sous-lieutenants *Michel* et *Cousin.*

Le 19, près de Leipzig, les capitaines *Ceha* et *Lafargue*, et le sous-lieutenant *Michel*, qui conduisaient des détachements du Dépôt aux bataillons de guerre, furent attaqués par des forces considérables. Tous ces officiers furent blessés. Le capitaine *Ceha* et le sous-lieutenant *Michel* restèrent au pouvoir de l'ennemi.

Le 26, le maréchal *Gourion-Saint-Cyr*, enveloppé par des forces supérieures, fut obligé de se renfermer dans les ouvrages qui couvraient les faubourgs de Dresde.

Le 5 novembre, pressé par la famine, le maréchal tenta de se frayer un passage pour gagner la frontière française. Il fut repoussé après un violent combat où le 12ᵉ perdit les sous-lieutenants *Maudet* et *Monbet*. Les capitaines *Bonfillou*, *Michelet* et *Thiéry*, le lieutenant *Pradel* et le sous-lieutenant *Cousin* furent blessés.

Le 11, la situation désespérée des troupes décida le maréchal à traiter de l'évacuation de Dresde. Les généraux alliés acceptèrent une convention honorable, que le prince de Schwartzemberg refusa de ratifier, et la garnison fut faite prisonnière de guerre.

Les officiers du régiment qui partagèrent le sort de la troupe furent : le colonel *Baudinot* ; les chefs de bataillon *Gérard* et *Monnier* ; l'adjudant-major *Villinger* ; le chirurgien-major *Fischer* ; les chirurgiens-aides-majors *Bayeux*, *Ducuing* ; les chirurgiens-sous-aides-majors *Lecerf*, *Maheu*, *Méliodou* ; les capitaines *Michelet*, *Bonfillou*, *Thiéry*, *Roussel*, *Mitel*, *Etienne*, *Pradel*, *Willemaut*, *Lemaire*, *Trouslot* ; les lieutenants *Foullez*, *Lacroix*, *Barboteaux*, *Tarte*, *Gilbert*, *Campenon* ; les sous-lieutenants *Joly*, *Weis*, *Bernard*, *Cousin*, *Millot*, *Michel* et *Merle*.

Le 5 septembre, la garnison de Stettin fut réduite à capituler ; deux compagnies du 12ᵉ étaient renfermées dans cette place. Les officiers de ces compagnies étaient les capitaines *Petitjean* et *de Beaulieu* ; les lieutenants *Renaud*, *Glorieux* et *Joannas* ; les sous-lieutenants *Lazard* (Silfrain) et *Darrabiat*.

§ 10. — 1811. — CAMPAGNE DE FRANCE. — DÉFENSE D'ANVERS.

Le 16 janvier 1811, un détachement du 12°, enfermé dans Torgau, partagea le sort de la garnison, qui fut faite prisonnière de guerre.

Le capitaine *Barté*, le lieutenant *Bénard*, les sous-lieutenants *Brignard* et *Perceau* faisaient partie de ce détachement.

Dans la campagne de France, les nouveaux bataillons organisés au Dépôt du régiment, et composés de conscrits, soutinrent la réputation d'honneur du 12°, et furent fidèles à ses glorieuses traditions.

Ils participèrent aux merveilleuses actions par lesquelles la Grande-Armée, réduite à une poignée de braves, s'immortalisa en défendant pied à pied le sol de la patrie.

Le 3° bataillon prit part à la défense d'Anvers et au combat de Merxhem le 14 janvier, les 1er et 2 février, ainsi qu'à la sortie que fit le comte *Carnot* dans les premiers jours de mars.

A la défense de Berg-op-Zoom, le 8 mars, les troupes de la garnison mirent 4,000 Anglais hors de combat et firent 2,000 prisonniers.

Le 12° eut à regretter le lieutenant *Fougler*, mort glorieusement ; le capitaine *Rougerie* fut au nombre des blessés.

Dans cette action, la 4° compagnie du 3° bataillon du 12° (capitaine *Duruelle*) attaqua la première le bastion où s'était placé l'État-major anglais. Le général

Cook, les officiers qui l'entouraient, ainsi que le drapeau d'un régiment de la garde royale anglaise (Royal-Egyptien), tombèrent au pouvoir de cette compagnie.

De leur côté, les 4ᵉ et 6ᵉ bataillons prenaient part aux opérations du corps du maréchal prince *de la Moskowa*.

Ils se trouvèrent également à la bataille d'Arcis-sur-Aube les 20 et 21 mars.

Dans la journée du 20, le major *Letellier* et le commandant *Darde* furent blessés grièvement dès le commencement de l'action. Le capitaine *Masson* prit le commandement du bataillon. Il défendit le village de Torcy avec beaucoup de courage contre un corps de 1,500 Bavarois. Le capitaine *Masson* n'avait que 600 hommes. Forcé d'abord de se replier, il ramena bientôt son bataillon au combat, reprit le village, et le conserva jusqu'à ce qu'il reçût l'ordre formel de l'évacuer.

Le brave capitaine *Masson*, le capitaine *Roux* et le lieutenant *Derinx* furent au nombre des blessés ; le major *Letellier* mourut de ses blessures.

Les débris du régiment prirent encore part au combat de Saint-Dizier le 26 mars.

§ 11. — 1814. — ABDICATION DE NAPOLÉON. — RÉORGANISATION DE L'ARMÉE.

Après l'abdication de *Napoléon* le 11 avril, le roi *Louis XVIII* réorganisa l'armée. Dès le 12 mai, paraissait une ordonnance royale qui réduisait le nombre des régiments à 90.

En conséquence de cette mesure, le 12ᵉ de ligne reçut les 3ᵉ, 4ᵉ et 5ᵉ bataillons du 136ᵉ, le 146ᵉ, le 2ᵉ bataillon du 156ᵉ, et le 1ᵉʳ bataillon du 3ᵉ régiment de Tirailleurs de la Garde Impériale.

§ 13. — 1815. — LES CENT-JOURS.

Dans la terrible lutte que la France eut de nouveau à soutenir contre l'Europe en armes après le retour de l'empereur *Napoléon* de l'île d'Elbe, le 12ᵉ régiment de ligne unit ses efforts à ceux des autres régiments pour défendre l'indépendance nationale et le sol de la patrie.

Il combattit glorieusement à la bataille de Fleurus (16 juin), où le capitaine *Porte*, le lieutenant *Glorieux* et le sous-lieutenant *Gallien* furent blessés.

A Namur (20 juin), le sous-lieutenant *Champy* fut tué; le sous-lieutenant *Léon* y fut blessé.

Le 2 juillet, à Châtillon et à Sèvres, le régiment donnait, pour la dernière fois dans cette campagne, des preuves de courage et de valeur; l'adjudant-major *Senault* y était blessé en combattant vaillamment.

L'armée se retira sur la Loire à la suite d'une convention militaire, et fut licenciée.

[1815]
Armée du Nord,
3ᵉ corps :
Le général comte
Vandamme.
11ᵐᵉ division :
Le général baron
Berthezène.
1ʳᵉ brigade :
Général Dufour.

CHAPITRE IV

(1815-1830)

- - - - - -

LÉGION DES COTES-DU-NORD.

L'armée ayant été licenciée le 13 mars 1815, une ordonnance royale du 3 août suivant constitua une nouvelle force militaire.

L'infanterie française fut composée de 86 légions départementales. Chaque légion prit le nom du département dans lequel elle avait été organisée.

Le fond du 12ᵉ de ligne entra dans la composition de la 72ᵉ légion départementale (Seine), devenue le 55ᵉ de ligne actuel.

Pendant la courte période de leur existence (de 1816 à 1820), les légions départementales n'ont eu à faire aucune campagne de guerre.

Une ordonnance du 23 octobre 1820 rendit aux légions la dénomination de *Régiments*.

La 1ʳᵉ légion des *Côtes-du-Nord*, créée par l'ordonnance du 3 août 1815, avait été formée avec le fond du 17e régiment d'infanterie de ligne (ex-Auvergne), et avec des Volontaires royaux de Quintin et Plancoët, de ce même département.

C'est cette légion qui, le 23 octobre 1820, devint le 12e d'infanterie de ligne actuel.

Aux glorieuses traditions d'*Auxerrois* venaient donc s'ajouter celles si brillantes du vieil *Auvergne*, dont le nom est passé à la postérité tant à cause du généreux dévouement du chevalier *d'Assas*, qu'à raison de sa bravoure proverbiale.

12e RÉGIMENT D'INFANTERIE DE LIGNE.

[1823]
En Espagne.
2e corps :
Général (depuis maréchal)
comte Molitor.
3me division :
Général comte de Loverdo.
3me brigade :
Général Ordonneau.

Le nouveau 12e de ligne, fidèle aux glorieuses traditions de ses aînés, va continuer la série presque non interrompue des brillants faits d'armes d'*Auxerrois*, du *12e d'Infanterie*, de la *12e Demi-Brigade*, et du *12e Régiment* de l'Empire.

Nous allons retracer succinctement la part que prit le 12e d'infanterie aux campagnes de notre époque.

1823-1824. — Campagne d'Espagne.

Le 12e de ligne fut désigné, en 1823, pour faire partie de l'armée chargée de l'expédition d'Espagne. C'est là que le nouveau régiment allait recevoir le baptême du feu.

La cause de cette guerre était le principe de libéralisme que l'Espagne avait substitué au despotisme de Ferdinand VII. La Sainte-Alliance s'était déclarée contre cet ordre de choses, et la France, faisant de la révolution espagnole une question de famille, s'était engagée à aller rétablir sur son trône le descendant de Louis XIV.

Les forces de l'armée française s'élevaient à 81,000 hommes. L'armée espagnole était forte de 70,000 hommes de troupes régulières et de 50,000 hommes de milices.

Les troupes espagnoles étaient commandées par des chefs dont la terrible et sanglante illustration remontait aux guerres de l'Empire. C'étaient, entre autres, Mina, Ballesteros et L'Abisbal.

Le 11 février 1823, le 12ᵉ, qui était en garnison à Toulon, quitta cette place pour se rendre à l'armée d'Espagne. Il passa la Bidassoa le 7 avril.

Le 24 avril, le 12ᵉ fut chargé de reconnaître les avant-postes ennemis; il s'empara du pont de Tudela sur l'Ebre, et garda ce passage pour assurer la marche du 2ᵉ corps sur Saragosse, qui fut occupée le 26.

Le 12ᵉ fit ensuite partie des troupes d'avant-garde commandées par le maréchal-de-camp *Bonnemains;* il marcha sur Calatayud et Daroca, entra le premier à Teruel et à Segorbe, d'où furent chassées les troupes de Ballesteros, et se porta ensuite sur Murviedro, dont il contribua à faire le siége.

Le 13 juin, la ville de Valence fut occupée après un brillant combat où le 1ᵉʳ bataillon du 12ᵉ se distingua d'une manière toute particulière; Murcie subit le même sort le 7 juillet.

Pendant la marche du 2ᵉ corps de Valence sur Grenade, le 12ᵉ fit plusieurs reconnaissances pour éclairer le pays; il s'avança jusqu'à Carthagène, et fit rentrer dans la place la garnison qui venait de tenter une sortie avec des forces supérieures.

Guadix fut occupée le 24 juillet.

A Diezma (route de Grenade), la compagnie de grenadiers du 1er bataillon engagea un feu très-vif avec un corps espagnol. Bien que dans une position fort avantageuse, l'ennemi fut néanmoins repoussé.

Les trois officiers de cette compagnie de grenadiers, ainsi que deux sous-officiers, furent mis à l'ordre de l'armée pour leur belle conduite dans cette affaire.

Les troupes entrèrent à Grenade le 7 juillet.

Le 1er bataillon partit de suite pour Priego, et ne rentra à Grenade qu'après la dispersion complète des partisans ennemis.

Les 2e et 3e bataillons furent dirigés sur Cadix, et prirent part aux opérations du siége.

Le 20 septembre, une division de l'escadre, qui avait un détachement du 12e à bord du *Colosse* et du *Centaure,* s'empara du fort de Santi-Petri.

Les compagnies de débarquement furent citées pour leur bravoure et leur belle conduite dans cette opération.

L'armée occupa Cadix et l'île de Leon les 3 et 4 octobre.

Les 2e et 3e bataillons quittèrent Cadix pour rallier à Grenade le 1er bataillon.

Le corps entier quitta cette ville le 2 novembre pour rentrer en France; il arriva à Saint-Jean-de-Luz le 4 janvier 1824, et occupa Navarreins et Oléron.

Le dépôt quitta Uzès pour rejoindre l'État-major à Oléron.

Le 5 mai 1824, les 2ᵉ et 3ᵉ bataillons, désignés par le sort, se rendirent à Saragosse pour faire partie de la brigade d'occupation. Ces deux bataillons rentrèrent en France le 1ᵉʳ mai 1825, et rejoignirent le 1ᵉʳ bataillon à Lyon.

Pendant son séjour à Lyon, le régiment fut cité quatre fois à l'ordre du jour de la division pour sa belle conduite dans les incendies. Trois voltigeurs reçurent du Ministre de l'Intérieur une médaille d'argent pour leur dévouement dans l'incendie des Charpennes.

Le régiment quitta Lyon les 5 et 6 novembre 1826 pour aller tenir garnison à Arras.

Le 1ᵉʳ janvier 1827, deux bataillons de manœuvre, forts ensemble de 1,200 hommes, se rendirent au camp de Saint-Omer, et ne rentrèrent à Arras qu'au mois de novembre de la même année.

CHAPITRE V

(1830-1848)

---

§ 1er. — 1830-1831. — EN FRANCE.

En 1830, pendant la révolution de Juillet, le 12ᵉ était à Caen ; il ne se produisit entre lui et les habitants aucune espèce de collision, et la discipline y fut maintenue intacte, grâce aux soins et à la sagesse qu'apportèrent, dans cette circonstance, les officiers du corps.

Le régiment quitta Caen l'année suivante, et arriva à Versailles les 19 et 20 avril 1831.

Le 1ᵉʳ juillet, les trois bataillons, forts chacun de 800 hommes, furent dirigés sur Maubeuge, et placés dans la 1ʳᵉ brigade (général *de Castellane*) de la 2ᵉ division (général *Achard*) de l'armée du Nord.

Le régiment occupa, jusqu'en 1832, les places du Quesnoy, de Maubeuge et de Valenciennes.

§ 2. — 1832. — SIÉGE D'ANVERS.

[1832]
Armée du Nord :
Maréchal comte
Gérard.
Réserve d'infan-
terie :
Les compagnies
de grenadiers
et de voltigeurs
des 4ᵉ bataillons,
Lieutenant-général
vicomte Schramm.
2ᵐᵉ division :
Général Achard.
1ʳᵉ brigade :
Général de Castel-
lane.
Les 1ᵉʳ, 2ᵉ
et 3ᵉ bataillons.

La révolution qui venait de séparer la Belgique de la Hollande nécessita l'intervention armée de la France pour mettre Léopold Iᵉʳ, roi des Belges, en possession de la citadelle d'Anvers, que le roi de Hollande se refusait à livrer.

L'armée française entra en Belgique le 15 novembre, et eut la glorieuse tâche de concourir au siége de cette forteresse.

Le 12ᵉ se trouva, avec les autres troupes de la division, en observation sur la rive droite de l'Escaut; il repoussa avec succès toutes les attaques et les tentatives de débarquement de l'escadre hollandaise.

Le maréchal commandant témoigna, dans un ordre du jour du 18 décembre, sa satisfaction aux troupes pour leur courage et leur belle conduite.

La place capitula le 24 décembre, et le régiment rentra en France. Il arriva à Lille le 7 janvier 1833.

§ 3. — 1833-1836. — EN FRANCE.

En 1835, le régiment occupait Avignon, Aix, Toulon et Antibes. Le choléra, qui sévissait en Provence, lui fit éprouver des pertes très-sensibles, notamment à Aix, où le lieutenant-colonel *Clémençon*, le porte-drapeau *Jet*, le sous-lieutenant *Gras*, et 120 hommes succombèrent sous les attaques du terrible fléau. A Toulon, le régiment perdit le capitaine *Dufaure*, le lieutenant *Lacroix*, et 60 hommes.

Le sous-lieutenant *Masclary* et 30 hommes du régiment moururent du choléra à Marseille.

§ 1. — 1837-1839. — EN ALGÉRIE. — RETOUR EN FRANCE.

Le 5 juillet 1830, une armée française s'était emparée d'Alger, et en même temps qu'elle vengeait ainsi l'insulte faite à notre consul, elle délivrait l'Europe de ce nid de pirates, fléau de la Méditerranée et la honte de la civilisation.

Comme conséquence de notre conquête, l'armée française dut s'emparer successivement des villes les plus importantes de la Régence.

En 1836, une première expédition sur Constantine, contrariée par le mauvais temps, avait échoué.

En 1837, une nouvelle expédition sur cette place ayant été résolue, des renforts furent envoyés de France en Afrique.

Le 12ᵉ régiment de ligne était appelé à concourir à cette opération.

Il partit plein d'ardeur et animé du désir d'ajouter une nouvelle page à ses glorieuses annales.

Le 13 septembre 1837, les 1ᵉʳ et 2ᵉ bataillons, forts de 1,700 hommes, s'embarquèrent pour l'Algérie.

Mais, dès son débarquement à Bône, le régiment fut atteint du choléra, et eut le regret de ne pouvoir prendre part à l'expédition de Constantine. Force lui fut de rester à Bône, où il perdit en quelques jours les capitaines *de Bermont*, *Rosso*, les lieutenants *Hèvre*, *Morelet*, et le sous-lieutenant *Dubourg*.

(1837)
Armée d'Afrique.
2ᵐᵉ expédition de Constantine.
Le lieutenant-général comte de Danrémont.
Ensuite :
Le général (depuis maréchal) Valée.

Le 1" août 1838, le 3' bataillon, fort de 900 hommes, s'embarqua à Toulon, et vint rejoindre à Bône les deux premiers bataillons.

Le 21 août 1838, les quatre compagnies d'élite des deux premiers bataillons, envoyées en reconnaissance, furent assaillies, à leur sortie du camp de Medjez-Hamar, par 3,000 Arabes qui furent repoussés avec des pertes très-sensibles.

Le capitaine *de Moncia* fut tué; le capitaine *Bachelier*, les lieutenants *Bouvier* et *Delabesse* furent blessés. Le capitaine *Binet* fut cité pour son courage et les sages dispositions qu'il avait prises pour assurer le retour de la troupe au camp.

Le 12' séjourna encore un an dans la subdivision de Bône, où il fut employé à la garde de différents postes.

Il y fut fortement éprouvé par les fièvres, qui lui enlevèrent 9 officiers et 800 hommes.

L'épidémie qui avait sévi sur le régiment dès son arrivée en Afrique, et les maladies qui l'assaillirent ensuite décidèrent son retour en France. Il débarqua à Toulon du 5 au 11 mars 1839.

§ 5. — 1839-1848. — EN FRANCE.

Le régiment rentra en France en février et en juin 1839; il se concentra à Avignon, et fut envoyé à Lyon à la fin de mars 1840.

Pendant les inondations de cette année, un grand nombre de militaires du régiment se firent remarquer par des actes de courage en portant secours aux inondés. Le soldat *Leca* fut nommé chevalier de la Légion d'honneur pour avoir opéré seul, et dans une même nuit, le sauvetage de toute une famille composée de sept personnes; 14 médailles d'honneur furent distribuées à pareil nombre de sous-officiers et soldats.

En 1842, le régiment fut envoyé à Paris; le 3ᵉ bataillon et le Dépôt séjournèrent quelques mois à Orléans, et rejoignirent dans la capitale la partie principale du corps.

De 1842 à 1847, le régiment occupa successivement Paris, le Havre, Évreux, Dieppe, Laval et Le Mans.

CHAPITRE VI

(1848-1861)

---

§ 1er. — 1848. — INSURRECTION DE JUIN.

En mai 1848, deux bataillons et l'État-major du régiment furent envoyés à Paris pour prendre part à la répression de l'insurrection de Juin.

Le 12e de ligne se fit remarquer pendant les journées des 23, 24, 25 et 26 juin contre les insurgés.

Le capitaine *Comignan* (depuis général de brigade) y fut blessé. Le régiment fit peu de pertes pendant ces fatales journées.

Le 3e bataillon et le Dépôt restèrent à Laval.

En septembre de la même année, le régiment reçut brusquement l'ordre de quitter Paris pour se rendre à Marseille. Il traversa les montagnes de l'Auvergne par les temps les plus rigoureux, et arriva à Nîmes, où il séjourna pendant quelques jours; il fut ensuite envoyé à Marseille. Son Dépôt fut dirigé sur Aix.

§ 2. — 1849. — EXPÉDITION DE LA KABYLIE ORIENTALE.

Destiné d'abord à faire partie du corps expéditionnaire de Rome, le régiment fut embarqué dans les premiers jours de décembre, puis transbordé et dirigé définitivement sur Alger, où il débarqua le 20 de ce mois.

Le 1ᵉʳ bataillon et les compagnies d'élite du 3ᵉ furent désignés pour faire partie de la colonne du général *de Saint-Arnaud*, qui devait opérer dans la Kabylie orientale.

Dès les premiers jours de 1849, de graves symptômes faisaient prévoir les événements militaires qui allaient infailliblement se dérouler pendant cette année dans notre colonie algérienne.

La première perturbation vint du Sud-Ouest, et exigea, pour sa répression, toutes les forces disponibles de la province d'Oran. En même temps, une agitation croissante se manifestait dans la Kabylie du Djurdjura, et jusque dans les régions de Djidjelli, de Bougie et de Sétif.

Les généraux *de Saint-Arnaud* et *de Salles* sont chargés de délivrer Bougie, bloquée par les Kabyles des tribus voisines de cette place.

Le 1ᵉʳ mai 1849, la compagnie de voltigeurs du 1ᵉʳ bataillon du 12ᵉ, commandée par le lieutenant *Doquin*, enlève à la baïonnette plusieurs mamelons garnis de retranchements en pierres sèches et fortement défendus; les autres fractions du régiment repoussent avec succès une attaque générale dirigée contre la colonne.

Le caporal *Gaillard* et le voltigeur *Genau*, du 1ᵉʳ bataillon, sont cités pour avoir arraché des mains de l'ennemi le corps du sous-lieutenant *Gabarrin*, blessé mortellement. Le caporal *Sabouré*, depuis capitaine au régiment, fut grièvement blessé dans cette journée.

Le 21 mai, chez les Beni-Sliman, la compagnie de voltigeurs du 1ᵉʳ bataillon est désignée pour appuyer une compagnie du 5ᵉ bataillon de Chasseurs à pied dans l'enlèvement d'un retranchement en pierres sèches fortement occupé par les Kabyles.

Le général *de Saint-Arnaud* fait mettre sacs à terre à ces deux compagnies, et les lance sur le retranchement, qui est franchi et enlevé en un clin d'œil.

Ces deux compagnies d'attaque s'emparent successivement de quatre lignes de murs en pierres sèches, au-delà desquelles se trouve une crête boisée de difficile accès et redoutablement défendue.

La compagnie de Chasseurs à pied, qui fait là des pertes très-sensibles, est un instant compromise; mais, grâce à son énergie et à l'aide que lui prête la compagnie d'élite du 12ᵉ, elle parvient à se tirer de ce mauvais pas.

§ 3. — 1849-1852. — EN ALGÉRIE.

Après cette expédition, les bataillons du 12ᵉ qui venaient d'y prendre part retournèrent à Alger par Aumale. Le colonel *Canrobert*, qui commandait à cette époque sur ce point, les réunit à ses troupes et les conduisit dans l'Ouad-Sahel contre les Beni-Yâla, tribu kabyle révoltée. Sameur, la *dechera* (village) principale des Beni-Yâla, fut prise et saccagée.

Le 5 juillet, à l'attaque de Sameur, les sergents de voltigeurs *Labrunhie* et *Leschi* sont cités pour leur bravoure.

Le 12 du même mois, il y eut une autre affaire contre les Beni-Mlikeuch, qui furent rudement menés, bien qu'ils fussent soutenus par les Zouaoua et par leur chef religieux, Sid El-Djoudi.

Ce même jour, à l'attaque d'un village des Mlikeuch, le sous-lieutenant *Aulieu* fut tué d'un coup de feu; le sergent *Lemanach* abattit sur-le-champ le Kabyle qui venait de tirer sur son officier.

Le 18 octobre 1849, le 12ᵉ vint occuper Orléansville.

Il y fut de nouveau atteint par le choléra, et perdit 700 hommes en quelques mois.

De 1848 à 1851, le 12ᵉ prit part à la soumission des populations du Dahra. Les portions du régiment qui ne firent pas partie des colonnes expéditionnaires travaillèrent à la construction des routes, et à la création de plusieurs centres de colonisation.

C'est au 12ᵉ de ligne que la colonie doit la construction d'une route carrossable pratiquée dans la vallée du Chelif, au pied de l'Ouaransenis.

Au mois d'octobre 1851, le régiment fut dirigé sur Médéa.

Il fit partie, en novembre, de la colonne de Kabylie dirigée contre le faux chérif Bou-Bar'la, qui était venu de nouveau pousser à la révolte les tribus de

l'Ouad-Sebaou. Le général *Pelissier*, gouverneur général par intérim, s'était transporté sur les lieux avec
les troupes de la division d'Alger. On se battit les
1ᵉʳ et 3 novembre au Khamis des Maàtka et à Tir'ilt-
Mahmoud. Les insurgés furent complétement défaits,
et vingt-neuf de leurs villages furent incendiés.

La colonne expéditionnaire était dissoute le 27 novembre.

Au mois de janvier 1852, le chérif Mohammed-ben-
Abd-Allah, qui venait de faire le pèlerinage de la
Mekke, et qui s'était créé un parti dans l'oasis d'Ouar-
gla, quitta ce ksar et se dirigea vers le Nord, prêchant
la guerre sainte et cherchant à soulever les populations sahriennes sur son passage. Les Arbaà, la
plus puissante tribu de ces régions, s'étaient décidés à
suivre le drapeau de l'agitateur et à faire cause commune avec lui.

Le général *de Ladmirault*, commandant la subdivision de Médéa, se mit en campagne pour s'opposer
à ses progrès, et se dirigea sur Laghouath.

Le 12ᵉ fut désigné pour faire partie de cette colonne.

Tandis que le général *de Ladmirault* couvrait
Laghouath, Mohammed-ben-Abd-Allah, qui s'était jeté
dans l'Est, se rencontra avec une colonne légère venue
de Biskra, qui le mit en pleine déroute.

Le 22 avril 1852, le régiment s'embarqua à Alger,
et fut envoyé à Pau. Mais, à ce moment, une insurrection inattendue éclatait dans le cercle de Guelma,
tandis que le général *de Mac-Mahon* expéditionnait
dans les environs de Collo.

Il fallut faire venir des renforts de toutes parts.

Le 1er bataillon et les compagnies d'élite du 3e furent embarqués à destination de Bône au lieu de prendre celle de Pau.

Ce renfort, envoyé d'Alger, permit au colonel *de Tourville*, commandant la subdivision, de marcher avec des forces suffisantes contre les insurgés, qui furent battus, le 13 juin, à Akbet Ez-Zitoun.

Le 14 juin, à Kaf El-Asks, le détachement du 12e livra un brillant combat aux Arabes, qui furent complétement battus.

Le capitaine *Darthuy*, le lieutenant *Moujarat*, et le voltigeur *Berger* furent cités pour la bravoure qu'ils déployèrent dans cette affaire.

Le 8 août, après la pacification de la province, le détachement s'embarqua à Bône, et rejoignit l'État-major du régiment à Pau.

§ 4. — 1853-1859. — EN FRANCE.

Le régiment quitta Pau le 10 mai 1853, et se rendit à Perpignan, où il resta jusqu'au 8 mars 1855.

Il fut ensuite envoyé à Lyon, à Toulon, et revint à Perpignan.

Là, il reçut l'ordre de s'embarquer à Port-Vendres pour l'Algérie le 4 avril 1859.

§ 5. — 1859-1860. — PROVINCE DE CONSTANTINE.

Débarqué à Bougie le 6 avril 1859, le régiment ne fit pas un long séjour en Algérie. Il occupa la subdivision de Sétif, et une partie de celle de Constantine. Il coopéra à faire rentrer dans le devoir quelques tribus kabyles qui avaient tenté de se soulever, et il s'embarqua pour la Corse, à Stora, le 27 février 1860.

§ 6. — 1860-1862. — EN CORSE.

Le séjour du régiment en Corse ne présente aucun fait particulier à signaler.

Il quitta la Corse le 23 mars 1862, débarqua à Toulon, et se rendit par étapes au camp de Châlons.

§ 7. — 1862-1863. — EN FRANCE.

Le 12ᵉ séjourna au camp de Châlons jusqu'au mois de septembre 1863; à cette époque, il fut envoyé à Paris, où il tint garnison jusqu'en mai 1864.

A cette époque, une formidable insurrection avait éclaté en Algérie; le 12ᵉ fut de nouveau, et pour la quatrième fois, appelé à y prendre sa part de combats et de gloire.

CHAPITRE VII

(1864-1870)

---

§ 1er. — 1864-1868. — EN ALGÉRIE. — EXPÉDITION DES FLITA.

Le 23 mai 1864, le 12e reçut l'ordre de partir pour l'Algérie. Il arrivait à Toulon le 25, s'embarquait le même jour, débarquait le 28 à Mostaghanem, et partait immédiatement pour Relizane, où il arrivait le 30, ayant franchi en deux jours 65 kilomètres sous un soleil des plus ardent.

Par la promptitude des mouvements que nous venons d'indiquer, le régiment se trouvait, en moins de huit jours, transporté de Paris au cœur de l'Algérie, et sur le territoire de l'ennemi, avec lequel il avait commencé déjà à escarmoucher.

Le 12e devait faire partie, avec le 82e d'infanterie et le 1er de hussards, d'une brigade active sous le commandement du général *Rose*, destinée à opérer contre les Flita, tribu puissante de la province d'Oran.

Le 12e fit sa jonction à Relizane avec le 82e. Le 1er de hussards ne les rejoignit que plus tard.

6

Le 1" juin, le général *Rose* prit le commandement de la colonne, et quitta Relizane le lendemain en y laissant quelques compagnies.

Le 13 juin, dans la marche de Zamora sur Dar-Ben-Abd-Allah, le 12°, qui formait l'arrière-garde de la colonne, fut assailli de tous côtés par les insurgés. Il repoussa vaillamment toutes les attaques, et assura le passage du convoi.

Le 4 juin, on commença à Dar-Ben-Abd-Allah une redoute qui devait être le centre des opérations. Ce même jour, quelques soldats du régiment, au mépris des ordres donnés, voulurent aller à l'eau sans escorte et sans armes; ils payèrent leur imprudence de leur tête : ils furent décapités par des Arabes embusqués dans les broussailles.

Le 5 juin, les contingents des Flita se réunirent pour attaquer le camp de Dar-Ben-Abd-Allah. Entre une heure et deux heures de l'après-midi, ils fondirent, au nombre de 10,000 environ, et en poussant de grands cris, sur le camp qu'ils avaient enveloppé.

A quatre heures, ils étaient en fuite, laissant sur le terrain de 5 à 600 morts et leur chef Sid El-Azereug-Bel-Hadj.

Le lieutenant *Héraud* et le sous-lieutenant *Chassin* furent blessés dans cette journée.

Le 16 juin, le régiment suivit la rive gauche de l'ouad El-Mnasfa pour aller camper au Melàb des Matmata.

Il fut vivement attaqué pendant sa marche, et ce ne fut qu'après huit heures de lutte qu'il parvint à lasser l'ennemi, à qui il avait fait éprouver des pertes sérieuses.

Le lieutenant *Sérieux* fut blessé.

Le lieutenant *Lafay*, les voltigeurs *Varen* et *Pasquelin*, les soldats *Trouillard* et *Bouixère* furent cités pour avoir arraché des mains des Arabes le cadavre du sergent-major *Agneli*, tué dans l'affaire.

Le 18 juin, le régiment, poussant une pointe dans la vallée de l'ouad Kheloug, arriva vers onze heures du matin sur un point où il pensait trouver de l'eau.

La chaleur était accablante; une soif ardente desséchait le gosier des soldats et leur faisait endurer toutes ses tortures. Après deux heures de recherches infructueuses, il fallut songer à revenir sur ses pas. Le colonel *Péchot* prit ses dispositions pour la retraite. A ce moment, comptant sur cette fâcheuse situation pour avoir bon marché de nos soldats, l'ennemi attaqua la colonne avec acharnement. Mais l'énergie des compagnies se succédant à l'arrière-garde de position en position, tint l'ennemi en respect, et permit de ne laisser aucun cadavre en son pouvoir.

A un moment donné, la situation devint critique : la colonne dut s'arrêter; sous l'influence de la soif intense qui les dévorait, les hommes ne pouvaient plus avancer; c'est à peine si quelques soldats par compagnie étaient en état de faire le coup de feu. On attendit ainsi les secours demandés au général *Rose*.

C'est alors qu'arriva du camp, à toute bride, le 1ᵉʳ de hussards, apportant de l'eau dans tous les bidons disponibles. Grâce à ce secours et au courage des combattants valides, la colonne reprit sa marche, se tirant ainsi d'une situation dangereuse qui aurait pu se transformer en un véritable désastre.

Ce jour néfaste est resté dans les souvenirs du régiment sous le nom de *journée de la soif.*

Le 27 juin, cernés par plusieurs colonnes, les Flita firent leur soumission, et le 12ᵉ se rendit à Tiaret, où il devait se reposer de ses fatigues.

Mais à peine arrivé en ce point, on apprenait que le ksar de Frenda était sérieusement menacé par les contingents du Sud.

Le colonel *Péchot* n'hésita pas à se porter au secours de ce ksar avec toute sa colonne. Il arrivait au moment où l'ennemi prononçait sa retraite après une attaque infructueuse; la venue de la colonne l'obligeait à précipiter son mouvement rétrograde.

A son retour à Tiaret, le régiment fut appelé à fournir, avec des compagnies d'élite complétées à 140 hommes, un bataillon qui fut placé sous le commandement du colonel *Péchot.* Ce bataillon formait l'infanterie de la colonne du général *Legrand*, laquelle, composée en majeure partie d'une nombreuse cavalerie, était destinée à opérer dans le Sud.

Le bataillon resta en expédition pendant près d'une année.

Jusqu'en 1868, le régiment occupa successivement Mascara et Oran; il fit partie de toutes les colonnes expéditionnaires dirigées contre les populations sahariennes.

Il s'embarquait au mois d'avril 1868 pour rentrer en France.

Le maréchal *de Mac-Mahon*, gouverneur général de l'Algérie, constata, par un ordre du jour des plus flatteur, la part glorieuse prise par le 12ᵉ aux combats livrés aux tribus révoltées dans le Tell et dans le sud de la province d'Oran.

§ 2. — 1868-1870. — EN FRANCE.

Le 12ᵉ fut envoyé à Bourges. Il passa, en 1869, trois mois au camp de Châlons, et revint ensuite à Bourges, où il resta jusqu'à la déclaration de guerre à l'Allemagne.

Le 1ᵉʳ bataillon et l'État-major occupaient Bourges; le 2ᵉ bataillon était détaché à Nevers, et le 3ᵉ bataillon à Moulins.

CHAPITRE VIII

(1870-1876)

---

§ 1er. — 1870. — SAINT-PRIVAT-LA-MONTAGNE. — METZ.

Une sourde inimitié existait entre la Prusse et la France depuis 1866, époque de la guerre entre l'Autriche et la Prusse, laquelle ne pouvait nous pardonner d'avoir arrêté, par notre influence morale, ses succès contre la première de ces puissances.

La candidature au trône d'Espagne d'un prince prussien de la maison de Hohenzollern fut la cause de la guerre, qui fut déclarée le 15 juillet 1870.

Le 22 juillet, le régiment quitta ses garnisons par les voies ferrées à destination du camp de Châlons, où les trois bataillons se réunirent le 23.

Là, le régiment fut compris dans la 2ᵉ brigade (général *Le Roy de Dais*) de la 1ʳᵉ division (général *Tixier*) du 6ᵉ corps (maréchal *Canrobert*).

Ce corps d'armée ne fut pourvu, pendant toute la campagne, que de son artillerie divisionnaire, et l'une de ses divisions d'infanterie ne comptait qu'un régiment.

Le 12° séjourna au camp de Châlons du 23 juillet au 6 août. A cette date, il quitta ce camp pour se rendre à Nancy par les voies ferrées; il y arriva le 7, et retourna au camp de Châlons le même jour.

La nouvelle de l'insuccès de l'armée du maréchal *de Mac-Mahon*, et la coupure par l'ennemi de la voie près de Frouard semblent avoir été la cause de ces marches et contre-marches.

Le régiment partit définitivement du camp de Châlons le 11, arriva à Metz le 12, et campa, de ce jour au 14 août, en avant du village de Montigny, avec le 10° de ligne à sa droite et le 100° à sa gauche.

Le 14 août, les Prussiens, pour retarder le passage de la Moselle par l'armée française qui se retirait sur Metz, attaquèrent son arrière-garde. Ce fut alors que se livra la bataille de Borny.

Pendant la bataille, le régiment resta en réserve sous le fort de Queuleu, à la redoute de Saint-Privat.

Le 15, l'armée entière quitta Metz pour prendre la route de Verdun. Le soir, les 1" et 2° bataillons campèrent en avant de Rezonville, le 3° bataillon en avant de Saint-Marcel.

Le 16 au matin, l'armée française fut attaquée par les Prussiens, qui cherchaient à lui barrer la route de Verdun.

Le 6° corps, aux prises avec des forces supérieures, conserva bravement ses positions jusqu'à l'arrivée du reste de l'armée. L'offensive fut alors prise sur toute la ligne, et les Prussiens culbutés furent rejetés jusque sur leurs réserves.

Dans cette bataille, dite de Rezonville, qui dura de neuf heures et demie du matin jusqu'au soir, les différents mouvements des bataillons du 12ᵉ s'exécutèrent avec autant d'ordre et de calme que sur un champ de manœuvres.

Les 1ᵉʳ et 2ᵉ bataillons avaient à leur droite les troupes du général *de Ladmirault;* le 3ᵉ bataillon prit une portion des bois qui garnissent la route de Verdun par Gravelotte et Conflans.

Dans cette journée, les pertes du 12ᵉ furent de 2 morts et de 45 blessés, tous sous-officiers et soldats, et d'un officier contusionné, le capitaine *Fourquemin.*

Le soir du 16, le régiment bivouaqua sur le champ de bataille, le long des crêtes qui s'étendent en avant de Saint-Marcel.

Les Prussiens interceptant la route de Verdun par Mars-la-Tour, l'armée française prit, le 17 août, la direction du nord, et s'avança sur Briey. Le soir de ce jour, le 12ᵉ campa, avec toute la division, au nord de Saint-Privat-la-Montagne.

Par décret impérial du 4 août 1870, le lieutenant *Lafay* est nommé capitaine.

Par décret impérial du 9 août, les sous-lieutenants *Moreau, Gombault, Pollin, Florent, Fleury, Cazet,* sont nommés lieutenants. Les trois derniers passent dans d'autres régiments.

Par le même décret, le sous-lieutenant *Delanoüe* est nommé lieutenant, et les adjudants sous-officiers *Malespina* et *Fillebois* sont nommés sous-lieutenants.

Bataille de Saint-Privat-la-Montagne (18 août 1870).

Le 18 août, les Prussiens cherchent à étendre leur gauche, et à déborder notre droite pour nous couper les routes du Nord comme ils nous ont coupé la route de Verdun. C'est le 6° corps, incomplet, presque sans artillerie, qui est appelé à soutenir l'effort principal de l'ennemi, tenté à maintes reprises par ses meilleures troupes, la Garde Royale prussienne, les Saxons et les Poméraniens.

Dans cette néfaste journée de Saint-Privat-la-Montagne, le 12° donna des preuves multipliées de son indomptable courage et du plus généreux dévouement. Tous, officiers et soldats, rivalisèrent de bravoure et d'intrépidité.

La bataille commence à neuf heures et demie du matin. Le régiment reste d'abord en seconde ligne jusqu'à une heure et demie ; à partir de deux heures, il prend une part active à l'action en occupant les alentours de Saint-Privat, du côté de l'ennemi.

Là, il est exposé, pendant plusieurs heures, au feu d'une nombreuse artillerie, qui, placée en demi-cercle, inonde le champ de bataille de projectiles, dirige sur Saint-Privat un feu convergent, et finit par incendier le village.

L'attaque paraissant suffisamment préparée par l'artillerie, l'infanterie ennemie tente l'assaut. Les Chasseurs de la Garde prussienne viennent se heurter au 12°. Mais, accueillis par des feux bien dirigés et vigoureusement nourris, ils éprouvent des pertes énormes.

Presque tous les officiers sont tués en essayant, à plusieurs reprises, d'entraîner leurs hommes qu'arrête le feu du 12ᵉ d'infanterie.

Les débris de ce bataillon, qui avait été décimé, anéanti, sont ramenés en arrière.

L'assaut est renouvelé incessamment, mais sans plus de succès, par d'autres troupes de la Garde prussienne.

L'attaque de front ayant échoué, l'ennemi, en forces très-supérieures et toujours soutenu par sa formidable artillerie, cherche à tourner la position par la droite et par la gauche. Ce sont les Saxons et les Poméraniens qui sont chargés d'exécuter ce mouvement. La lutte se soutient ainsi de part et d'autre toute la journée, et le régiment continue son feu meurtrier contre l'ennemi jusqu'à complet épuisement de ses munitions.

Ce n'est qu'entre sept heures et demie et huit heures du soir, alors que le village en feu est complétement tourné par des forces considérables, que le 12ᵉ se décide à quitter la position.

Le régiment perdit 690 hommes dans cette journée.

Les capitaines *Menel, Lerebours;* le lieutenant *Dinther*, et les sous-lieutenants *Fleury, Desormeaux* et *Fillebois* furent tués dans cette sanglante affaire.

Les chefs de bataillon *de Gislain, de Brunier;* les capitaines *Zédé, Graverand;* les lieutenants *Barthélemy, Vinon, Besson, Krel, Chassin* (Camille), *Sabouré;* les sous-lieutenants *Imbert, Devailly, Plée, Jullien*, et le sergent-major *Daumas* (depuis sous-lieutenant), furent blessés dans cette glorieuse journée.

L'étendue de ces pertes témoigne assez de l'opiniâtreté avec laquelle le régiment défendit ses positions.

Du 19 au 23 août, le régiment campa un peu en arrière de la ferme de Saint-Éloi, entre la route de Thionville et la Moselle.

Les 24 et 25 août, il vint prendre une position à cheval sur la route de Thionville.

Le 26 août, à sept heures du matin, les 3°, 4° et 6° corps traversent la Moselle, ce dernier corps sur le pont de bateaux en avant de Chambières; il va s'établir en avant du fort Saint-Julien, la gauche appuyée à la Moselle.

Le régiment reste en position jusqu'à six heures du soir sans être engagé sérieusement. Il n'a qu'un homme tué et un caporal blessé.

Pendant la nuit du 26 au 27, il repasse la Moselle avec le reste du corps, et va reprendre son campement précédent jusqu'au 31 août.

Sorties des 31 août et 1er septembre.

Le 31 août, l'armée passe de nouveau la Moselle, et forme, vers quatre heures du soir, une grande ligne de bataille depuis la Moselle, à gauche, jusqu'à Montoy.

La 1re division du 6° corps, face au nord-est, occupe la droite de ce corps, dont les 3° et 4° divisions s'étendent jusqu'à la Moselle.

Le régiment se trouve sur le même emplacement

que le 26. Il est en bataille au-dessous du bois de Grimont, ayant à sa droite le 1ᵉ de ligne, et, en seconde ligne, les 100ᵉ et 10ᵉ d'infanterie.

Les 3ᵉ et 4ᵉ corps, à la droite du 6ᵉ, engagent l'action à quatre heures du soir. A sept heures, les villages de Noisseville, de Nouilly, de Servigny, de Sainte-Barbe et de Poix sont enlevés par les deux corps. La 1ʳᵉ division du 6ᵉ corps opère alors une marche en avant.

Dans cette marche, les quatre premières compagnies du 1ᵉʳ bataillon se déploient en tirailleurs, sans réserve, en avant d'un bois qui couvrait le front du régiment. Elles sont placées sous les ordres du lieutenant-colonel *Mercier de Sainte-Croix*; elles ont pour mission d'appuyer les partisans de la brigade établis à 150 mètres en avant.

La distance ainsi parcourue est d'environ 3 kilomètres. Les tirailleurs du lieutenant-colonel, et les partisans, sous les ordres de MM. *Zédé*, capitaine, *Pezeu*, lieutenant, et *Sicre*, sous-lieutenant, poussent une reconnaissance jusqu'au bois de Failly, qu'ils trouvent fortement occupé par les Prussiens. L'obscurité étant alors complète, le lieutenant-colonel, avec les partisans et les tirailleurs, rallie le régiment au-dessous des hauteurs de Rupigny, où le régiment prend son bivouac.

Le 1ᵉʳ septembre, le régiment, placé en bataille dans un petit vallon, a devant lui une ligne de crêtes parallèle au bois de Failly; à sa droite, une croupe vient mourir au point où se trouve le 1ᵉʳ bataillon.

Les partisans, et successivement la 4° compagnie du 1er bataillon (capitaine *Troller*), la 5° (capitaine *Pétot*), la 6° (capitaine *Lafage*), la 3° compagnie du 2° bataillon (capitaine *Lafay*), la 3° compagnie du 3° bataillon (lieutenant *Jan*), la 4° compagnie du même bataillon (lieutenant *Sabouré*), reçoivent l'ordre de couvrir ces crêtes de tirailleurs.

Un brouillard intense immobilise l'armée jusque vers sept heures et demie du matin. L'ennemi, qui, depuis la veille, a fortement renforcé sa gauche, attaque vigoureusement les 3° et 4° corps, qui tiennent jusqu'à onze heures et demie dans les positions conquises le jour précédent.

Pendant cette lutte, une grêle de balles ne cesse de tomber dans le vallon où se trouve le régiment; contre toute attente, peu d'hommes sont touchés.

Au moment où le flanc droit de la brigade se trouve tout à fait découvert par le mouvement en arrière des 3° et 4° corps, le général de brigade ordonne la retraite, qui s'opère avec le plus grand calme sur le village de Vassy.

Dans l'action, comme dans la retraite, une batterie formidable, placée à la lisière du bois de Failly, ne cesse d'inonder la ligne de bataille de ses projectiles, mais sans ébranler le moral des braves soldats du régiment, lequel remplit là un rôle passif, il est vrai, mais néanmoins des plus honorablement utile. Pendant la retraite, les tirailleurs se retirent lentement, s'arrêtent à chaque pas, et empêchent les Prussiens de franchir les crêtes quittées par les nôtres.

A un moment donné, la 4ᵉ compagnie du 3ᵉ bataillon (lieutenant *Sabouré*) se place perpendiculairement à la crête, suivant la ligne de plus grande pente. Par cette disposition, l'ennemi est fusillé dans son flanc droit chaque fois qu'il se présente, ce qui permet au reste de la ligne de tirailleurs de battre en retraite en continuant un feu efficace.

Bientôt, le commandant *de Gislain* réunit deux compagnies en avant de la droite de son bataillon, et fait exécuter avec succès des feux à commandement qui aident puissamment à contenir l'ennemi.

Lorsque le régiment va traverser Vassy, une section de la 1ʳᵉ compagnie du 3ᵉ bataillon, sous les ordres du capitaine *Ricard*, soutient la retraite jusqu'au dernier moment avec la plus grande énergie.

Par ordre du maréchal *Canrobert*, le régiment vient se rallier dans les tranchées, en avant du fort Saint-Julien, salué par les obus de l'ennemi jusqu'au bois de Grimont.

Le régiment fait là encore des pertes sérieuses : les capitaines *Lafage*, *Petot* et *Troller* sont tués sur la ligne de tirailleurs; le capitaine *Fourquemin* meurt des suites de ses blessures; les sous-lieutenants *Sicre*, *Voisin*; le fourrier *L'Huissier* (depuis sous-lieutenant) sont blessés; en outre, 127 sous-officiers et soldats sont tués ou blessés dans cette journée. Le commandant *de Gislain*, les capitaines *Ricard* et *Zédé*; les lieutenants *Pezeu*, *Sabouré* et *Jan*; les sous-lieutenants *Sicre* et *Gouzou*; les sergents *Maréchal* et *Dreyfus*, ont été particulièrement remarqués pendant le combat.

Telle est la part glorieuse prise par le régiment dans ces deux sanglantes journées, part dont il peut se montrer fier à juste titre.

Un ordre du régiment fait connaître les nominations suivantes à la date du 21 août :

Les lieutenants *Picard* et *Barthélemy* sont nommés capitaines;

Le sous-lieutenant *Florent* est nommé lieutenant;

Les adjudants sous-officiers *Rialland* et *Banès* sont nommés sous-lieutenants.

Par un décret du commandant en chef, M. *Desmoulies*, capitaine au 93ᵉ d'infanterie, est nommé chef de bataillon au régiment.

Par décision du général en chef en date du 2 septembre, sont nommés chevaliers de la Légion d'honneur :

MM. *Limayrac*, chef de bataillon; *Fourquemin*, capitaine adjudant-major; *Zédé*, capitaine; *Round*, sergent.

La médaille militaire est conférée aux nommés :

Dervo, sergent; *Collin*, caporal; *Paulze*, soldat; *Dreyfus*, sergent; *Clère*, caporal; *Martin*, soldat; *Ruget*, sergent; *Lefeuvre*, sergent; *Chinié*, sergent; *Guilbert*, soldat; *Bontoux*, sergent; *Toinard*, soldat; *Dumor*, caporal; *Ecochard*, sergent; *Werts*, soldat (mort de ses blessures); *Durand*, caporal.

Une décision du général en chef, en date du 9 septembre, nomme dans l'ordre de la Légion d'honneur :

MM. *de Brunier*, chef de bataillon, au grade d'officier, et les capitaines *Lafage* et *Graverand* au grade de chevalier, ainsi que le lieutenant *Chassin* et le sous-lieutenant *Besson*.

Par décision du 12 septembre sont nommés :

Au grade de capitaine :

Les lieutenants *Chassin, Vinon, Abadie, Fuerbach, Pezeu, Krel*;

Au grade de lieutenant :

Les sous-lieutenants *de Pouzols de Saint-Maurice, Rosée d'Infreville, Gouzou, Voisin, Sicre, Plée, Devailly*;

Au grade de sous-lieutenant :

Les sergents-majors *Milhe-Potingon, Delagarde, Juvenel, Combes, Belfort, Marasse, Sépult, Daumas, Mariolle, Barrière, Denizot;*

A l'emploi de porte-drapeau :

Le sous-lieutenant *Rialland.*

Le 16 septembre, M. *Mathelin,* chef du 9e bataillon de Chasseurs à pied, est nommé lieutenant-colonel au régiment en remplacement de M. *Mercier de Sainte-Croix,* promu colonel.

Le régiment, ainsi que toute la division, viennent camper sur la route de Thionville, où ils restent pendant tout le mois de septembre.

Le 5 septembre, la ration de viande est réduite de 350 à 300 grammes, et la ration de fourrage est fixée à 4 kilogrammes d'avoine, à l'exclusion de tout autre denrée.

Le 9 septembre, vers neuf heures et demie du soir, les camps français, sur tout le pourtour de la ligne d'investissement, sont mis en éveil par une grêle d'obus qui ne causent pour ainsi dire aucun dommage.

Cette canonnade paraît avoir été ordonnée à l'intention des prisonniers de Sedan, qui passaient en ce moment à proximité de Metz pour se rendre en Allemagne, et auxquels on voulait faire croire à un bombardement.

A partir du 20 septembre, il n'est plus distribué de sel aux troupes. Les corps doivent faire usage, pour la soupe, de l'eau légèrement salée que fournit la source du fort Belle-Croix.

Le 27 septembre, le régiment soutient un fourrage exécuté par la 1re brigade de la division, et reste en réserve en arrière de Saint-Éloi.

Le 7 octobre, une vigoureuse reconnaissance offensive est poussée en avant de Ladonchamps par les voltigeurs de la Garde, conjointement avec les partisans du 6ᵉ corps. Ces troupes sont sous les ordres du général *Deligny.*

La compagnie de partisans du 12ᵉ, commandée par le capitaine *Pezeu,* a pour point de direction les Grandes-Tapes. Se ralliant aux voltigeurs de la Garde, elle enlève une ferme avec le plus grand entrain, et y fait 150 prisonniers.

La compagnie de partisans a, dans cette affaire, 2 tués et 7 blessés.

Une décision du 24 septembre nomme MM. *Vinon* et *Pezeu,* capitaines, chevaliers de la Légion d'honneur.

La même décision confère la médaille militaire aux nommés : *Rostaing* et *Marchal,* sergents ; *Montagne,* soldat.

Par décision du 8 décembre, sont nommés :

MM. *Zédé,* capitaine, adjudant-major ; *Sabouré,* lieutenant, capitaine ; *Carène,* sous-lieutenant, lieutenant ; *Beyerlé,* adjudant sous-officier, sous-lieutenant.

Par décision du 3 octobre, la médaille militaire est conférée aux nommés :

Sourdon et *Merlin,* sergents ; *Héret,* caporal.

Par décision du 10 octobre, la médaille militaire est conférée aux nommés :

Leroy (Maurice), fourrier ; *Leroy* (Alexandre), caporal ; *Marchal,* soldat.

Par décision du 23 octobre, M. le médecin-major de 2ᵉ classe *Dammien* est nommé de 1ʳᵉ classe, et placé au corps.

Par décision du 23 octobre, le capitaine *Lafaye* et les sous-lieutenants *Imbert* et *Jullien* sont nommés chevaliers de la Légion d'honneur.

Le régiment a pour mission de garder, du 13 au 14 octobre, le château de Ladonchamps. De jour et de nuit, ce château, les tranchées et la ferme de Sainte-Agathe, sont couverts d'une grêle d'obus. Néanmoins, le régiment n'a qu'un seul homme blessé.

A partir du 18 octobre, les rations de toute nature subissent une réduction sensible. A la privation de sel vient s'ajouter le manque de sucre. La ration de pain n'est plus que de 170 grammes.

Le 28 octobre, la famine amène fatalement l'armée de Metz à capituler.

Conformément à la décision du maréchal commandant en chef, l'aigle du 12ᵉ est déposée à l'arsenal de Metz pour y être brûlée; mais un contre-ordre, émanant de même source, arrêtait la mise à exécution de cette décision.

Le 29, à une heure de l'après-midi, les hommes du régiment, qui ont déposé leurs armes la veille au fort de Plappeville, sont remis entre les mains de l'ennemi.

Les officiers préfèrent partager le sort de leurs soldats que d'accepter l'offre que leur fait l'ennemi de les autoriser à rentrer librement dans leurs foyers, à la condition de ne pas porter les armes contre l'Allemagne pendant toute la durée de la guerre.

Ils sont envoyés en captivité.

Quelques officiers, qui n'avaient pas voulu engager leur parole de ne faire aucune tentative d'évasion, parviennent à s'échapper à leurs risques et périls; ce sont :

MM. le capitaine *Zédé* (depuis chef de bataillon); le

capitaine adjudant-major *Jan*, tué comme chef de bataillon à l'armée du Nord, où son frère, le lieutenant *Jan*, fut également tué étant capitaine à la même armée.

Le lieutenant *Florent* (depuis capitaine).

Le lieutenant *Sicre*, qui fut blessé et fait prisonnier à la bataille de Saint-Quentin.

§ 2. — 1870. — 4ᵉ BATAILLON ET DÉPOT.

Au moment de la déclaration de guerre, le Dépôt était à Bourges avec l'État-major du régiment. Il y resta après le départ des bataillons actifs pour l'armée du Rhin.

Le 20 juillet, par ordre ministériel, un 4ᵉ bataillon était organisé et placé sous les ordres du commandant *Noyez*; il est formé des trois 7ᵉˢ compagnies, de la 8ᵉ du 1ᵉʳ bataillon et de deux compagnies nouvelles. Ainsi constitué et porté successivement à 1,200 présents, ce bataillon se rendit à Paris le 16 août, et fut compris dans le 6ᵉ régiment de marche.

Ce régiment faisait partie du corps du général *Vinoy* (1ʳᵉ division, général *d'Exéa*).

Cette division fut dirigée sur Reims; de là, après la journée de Sedan, elle rétrograda sur Paris.

Le 4ᵉ bataillon fit tout le siége de Paris. Il avait été compris, le 1ᵉʳ novembre, dans le 106ᵉ de ligne.

A la réorganisation de l'armée, le 106ᵉ fusionna avec le 6ᵉ de ligne.

Après le départ du 4ᵉ bataillon, le Dépôt du 12ᵉ

resta formé à Bourges de la compagnie hors-rang et des 8ᵉˢ compagnies des 2ᵉ et 3ᵉ bataillons.

Par suite du rappel des réserves, plus de 3,000 hommes furent successivement incorporés dans ces compagnies au mois d'août.

Au commencement de septembre, la 8ᵉ compagnie du 2ᵉ bataillon, complétée à 200 hommes, fut également envoyée à Paris, où elle fit partie du 139ᵉ de ligne.

La 8ᵉ compagnie du 3ᵉ bataillon et d'autres détachements partirent successivement jusqu'à la fin de la guerre, et furent versés dans différents régiments de formation nouvelle à l'armée de la Loire.

Le Dépôt, qui ne se composait plus que de la compagnie hors-rang et des compagnies provisoires, qu'on organisait dès qu'on le pouvait, se rendit le 18 octobre à Riom, puis, vers le milieu de mars, au camp de Pont-du-Château. C'est là qu'après la guerre, les éléments qui avaient servi à reconstituer le 12ᵉ vinrent se grouper autour de ce noyau.

§ 3. — 1870-1871. — 12ᵉ RÉGIMENT DE MARCHE. — CHEVILLY.

Le 23 août 1870, les 4ᵉˢ bataillons des 90ᵉ, 93ᵉ et 95ᵉ de ligne furent appelés à former un régiment sous le titre de *12ᵉ Régiment de marche*.

13ᵉ corps d'armée
Général Vinoy.

2ᵐᵉ division :
Général de Maud'huy.

2ᵐᵉ brigade :
Général Blaise.

Cette formation s'opéra au fort d'Aubervilliers. Le régiment fut alors désigné pour faire partie de la 2ᵉ brigade (général *Blaise*) de la 2ᵉ division (général *de Maud'huy*) du 13ᵉ corps d'armée (général *Vinoy*).

Par décret du 26 août, M. *Truchy*, chef de bataillon au 72ᵉ de ligne, est nommé lieutenant-colonel, et désigné pour prendre le commandement du régiment; mais cet officier supérieur ayant été fait prisonnier à Sedan, et son titre de nomination n'ayant pu lui parvenir, il ne rejoint pas le corps.

Le 13ᵉ corps d'armée reçut l'ordre de se porter sur Mézières pour donner la main à l'armée du maréchal *de Mac-Mahon*, en marche du camp de Châlons vers le nord.

Le 1ᵉʳ septembre, le régiment partit en trois trains à destination de Mézières; chaque bataillon formait un train.

Dans la soirée, par suite de la coupure de la voie par les uhlans, le 1ᵉʳ bataillon fut arrêté à Saint-Gobert-les-Rougeries, le 2ᵉ à Marle, et le 3ᵉ à Crépy-Mortier.

Les trois bataillons restèrent dans cette situation jusqu'au lendemain à trois heures de l'après-midi. A ce moment, le régiment, ainsi échelonné, reçut l'ordre de rétrograder; il arriva à Laon à quatre heures, et s'y réunit à la division tout entière campée dans la plaine.

Le 3 septembre, le 1ᵉʳ bataillon est envoyé en grand'garde à Vaulx-sous-Laon, à la jonction des routes de Montcornet et de Reims: il est destiné soit à donner la main à la division *Blanchard* (1ʳᵉ du corps), en retraite de Mézières sur Laon après le désastre de Sedan, soit à recevoir l'ennemi, s'il se présente avant la division *Blanchard*. Le 2ᵉ bataillon, pour le même motif, est placé en grand'garde sur la route de Marle.

Le 3ᵉ reste en réserve à la gare.

Chacun de ces bataillons demeure dans ces positions jusqu'au 5 septembre.

Ce jour-là, une vingtaine de uhlans apparaissent en avant de Vaulx-sous-Laon ; mais, au premier mouvement d'une section du 1ᵉʳ bataillon envoyée contre eux, ils tournent bride.

La division *Blanchard* étant parvenue à rallier la division *de Maud'huy*, fut dirigée immédiatement sur Paris. Cette dernière division suivit de près son mouvement, mais par petites fractions, en raison de l'insuffisance du matériel du chemin de fer.

Le 5, à six heures du soir, les deux premières compagnies du 1ᵉʳ bataillon et une section de la 3ᵉ partirent pour Paris par les voies ferrées.

Il ne resta plus à Laon, de tout le corps d'armée, que trois compagnies et demie du 1ᵉʳ bataillon, lesquelles se tenaient dans la gare prêtes à s'embarquer.

Les 2ᵉ et 3ᵉ bataillons étaient restés sur leurs emplacements.

Mais tandis que ces troupes attendaient impatiemment les trains qui devaient les enlever, l'avant-garde allemande, forte d'environ 6,000 hommes, arrivait en vue de la ville par la route de Reims. Le télégraphe, la ligne ferrée de Laon à Paris par Soissons ne tardèrent pas à être coupés. Il ne restait plus qu'une ligne pour la retraite, celle qui, par La Fère, rejoint la ligne du Nord à Tergnier. Elle pouvait, d'un instant à l'autre, avoir le même sort que celle de Soissons. Aussi la nuit fut-elle des plus anxieuse pour le reste du régiment, qui, dans son isolement, voyait sa ligne de retraite menacée, et ne pouvait effectuer son départ par suite du manque de matériel.

Enfin, le lendemain 6 septembre au matin, il arriva un dernier train, qui enleva, à sept heures, le reste du 1er bataillon et tout le 2e.

Quant au 3e bataillon, il dut se diriger en même temps sur Tergnier, avec les bagages, par la voie de terre (32 kilomètres).

Ces diverses fractions du régiment échappaient ainsi à l'ennemi, qui, trois heures après, entrait dans la ville de Laon. Vers dix heures du matin, la citadelle sautait; un grand nombre d'Allemands et leur chef, le prince de Mecklembourg, étaient grièvement blessés par l'explosion.

A Tergnier, le 3e bataillon put prendre les voies ferrées, et arriver à Paris dans la soirée.

Tout le régiment se réunit dans l'avenue de la Grande-Armée, où il campa juqu'au 8 inclus.

Le 9 et le 10 septembre, le régiment bivouaqua sur la route de Saint-Germain, près de Courbevoie. Le 11 et le 12, il campa à Boulogne. Les 13, 14 et 15, le 1er bataillon occupa la Capsulerie, au-dessus de Sèvres; le 2e bataillon tint la position de Brimborion, et le 3e celle de Meudon.

Pendant ce temps, ces troupes travaillaient jour et nuit aux trois redoutes qu'on élevait sur ces points.

Le 16, à cinq heures du soir, le régiment partait subitement pour Vincennes, en traversant Paris, et faisait sa jonction avec le reste du corps d'armée.

Par suite de ce départ précipité, on dut abandonner,

dans les redoutes, trois jours de vivres de réserve faute de temps pour les distribuer et de moyens de transport pour les enlever. L'abandon forcé de cette réserve se fit plus tard péniblement sentir.

Cette concentration rapide du 3ᵉ corps était motivée par l'apparition des avant-gardes ennemies sur la Marne, circonstance pouvant faire prévoir une attaque.

Le 16 et le 17, à minuit, le 1ᵉʳ bataillon fut envoyé dans la presqu'île de Joinville, à Saint-Maur-les-Fossés, pour défendre les passages de la Marne. Il releva le 35ᵉ de ligne dans ses divers postes.

Le 18, le régiment fut dirigé sur Ivry.

Le 1ᵉʳ bataillon prit position entre Ivry et Bicêtre, le 2ᵉ, dans la redoute de Moulin-Saquet, le 3ᵉ, en arrière de Vitry. Ce jour-là, le lieutenant-colonel *Lespieau* vint prendre le commandement du régiment en remplacement du lieutenant-colonel *Truchy*, fait prisonnier à Sedan.

Dans la matinée du 19 septembre, la 2ᵉ compagnie du 2ᵉ bataillon, de grand'garde en avant de Moulin-Saquet, échangea quelques coups de fusil avec l'ennemi, qui venait tâter nos positions; cette compagnie eut 10 hommes blessés.

Combat de Chevilly (19 septembre).

Vers trois heures de l'après-midi, alors que vient de cesser le combat de Châtillon, le général *de Maud'huy*, afin de se rendre compte des forces ennemies qui occupent les villages de L'Hay et de Chevilly, envoie une reconnaissance sous les ordres du lieutenant-colonel *Lespieau*. Forte du 1" bataillon du 12° de marche (90°), de deux compagnies du 9° de marche, et d'une section d'artillerie, cette colonne s'avance sur la route de Fontainebleau, à 800 mètres de la ferme de La Sauzaye. Tandis que la 2° compagnie du 1" bataillon (capitaine *Benoît*) se déploie en tirailleurs en avant de la colonne, et à droite de la route, quelques coups de canon sont tirés sur la ferme pour en débusquer les avant-postes ennemis. Cet obstacle franchi, le lieutenant-colonel *Lespieau* pousse sur Chevilly; mais, à trois cents mètres du village, une vive fusillade s'engage entre les tirailleurs et l'ennemi, qui montre des forces supérieures. La 4° compagnie du 1" bataillon (capitaine *Déhon Dahlmann)* vient rapidement renforcer la 2°. La fusillade se soutient intense pendant trois quarts d'heure. La supériorité numérique de l'ennemi lui permet de chercher à déborder les flancs des compagnies déployées en tirailleurs. Le lieutenant-colonel *Lespieau* jette alors quatre compagnies sur la droite de notre ligne, menacée d'être tournée.

Mais en raison du déploiement de forces ennemies considérables, et le but de l'opération étant atteint, la colonne reçoit l'ordre de se retirer, ce qu'elle fait sous la protection d'une batterie de mitrailleuses établie dans la redoute des Hautes-Bruyères.

Dans cette action, la 2° compagnie du 1" bataillon fit des pertes sensibles, entre autres celle de son commandant, le capitaine *Benoît*, qui tomba atteint mortellement sur le champ de bataille.

Les pertes du bataillon furent de 49 hommes tués ou blessés.

De leur côté, les Prussiens eurent 2 officiers blessés et 39 hommes hors de combat, appartenant pour la plupart au 6ᵉ corps.

Le général *Trochu*, à la suite du combat de Châtillon, se décida à borner la défense à l'enceinte et aux forts. Il donna l'ordre à toutes les troupes établies en dehors de la fortification de rentrer dans Paris le soir même du 19 septembre.

En conséquence, vers dix heures du soir, le régiment quitta inopinément ses positions, et alla camper sur le boulevard d'Austerlitz jusqu'au 21 septembre, puis au boulevard de l'Hôpital le 22.

Les reconnaissances ayant constaté que les grand'-gardes ennemies étaient peu considérables sur le plateau de Villejuif, le gouverneur se décida à l'occuper de nouveau.

Le 22 septembre, vers cinq heures du soir, le régiment sortait de Paris, tandis que le 2ᵉ bataillon allait camper sous Bicêtre, et le 3ᵉ à l'entrée de Vitry.

Le général *Blaise*, avec le 1ᵉʳ bataillon réuni au 11ᵉ de marche, recevait l'ordre de reprendre possession de la redoute de Moulin-Saquet, abandonnée par nous depuis l'avant-veille, et qu'on supposait occupée par l'ennemi.

La colonne pénètre dans la redoute homme par homme et sans bruit. Elle la trouve inoccupée. Peu d'instants après, une reconnaissance ennemie, qui croit toujours la redoute dégarnie de défenseurs, vient se heurter à nos bataillons. Elle est reçue par une vive fusillade, et prend la fuite en laissant sur le terrain une dizaine de morts.

Les parapets, inachevés, sont occupés par nos soldats, qui, au milieu de ces terres nouvellement remuées, cherchent, en se rasant et en se couchant, à se défiler de la mousqueterie de Vitry. Un poste prussien, établi dans une maison à 400 mètres de la gauche de la redoute, inquiète particulièrement nos hommes; mais, au petit jour, deux coups de canon et quelques coups de fusil bien ajustés font évacuer la maison, et l'ennemi ne se montre plus qu'au-delà d'un rayon de 800 à 1,000 mètres.

Dans la matinée du 23, pendant que le 1er bataillon s'établit à Moulin-Saquet, le 2e escorte une batterie de mitrailleuses se dirigeant vers les Hautes-Bruyères, pour prendre part à un combat d'artillerie amené par la réoccupation de cette redoute. Plusieurs batteries ennemies ouvrent leur feu sur nos mitrailleuses. Le bataillon prend position, et reste exposé, pendant une heure, à un feu violent. Mais, heureusement défilé par un petit fossé, il n'a qu'un homme tué et quelques blessés.

Dans le même moment, le 3e bataillon, avec deux pièces d'artillerie, est chargé de s'emparer de Vitry. Tandis que la 3e compagnie attaque de front la barricade qui défend l'entrée du village, la 6e la tourne par un chemin latéral. L'ennemi évacue cette première zone de défense, et nous restons maîtres de la moitié du village.

Le régiment resta jusqu'au 27 dans ses positions de Moulin-Saquet, des Hautes-Bruyères et de Vitry.

Le 27, le 2ᵉ bataillon alla camper au Kremlin, près de Bicêtre, le 1ᵉʳ à Vitry, et le 3ᵉ sous le fort d'Ivry, sur le chemin de Port-à-l'Anglais.

Combat du 30 septembre (Thiais, Choisy-le-Roy).

Le but de l'opération du 30 septembre était de détruire le pont de bateaux établi un peu en amont de Choisy-le-Roi, et servant aux communications allemandes des routes de l'Est à Versailles. Cette opération, qui semblait ne devoir être qu'un coup de main, fut une des actions les plus considérables du siége de Paris tant par le nombre des troupes engagées, — tout le 13ᵉ corps, — que par l'étendue du front de l'action, qui se développait de Montmesly à Bagneux.

20,000 hommes environ, formant le corps de bataille principal, étaient divisés en trois colonnes distinctes ayant trois points d'attaque désignés : à gauche, Thiais, Choisy-le-Roy, objectif de la brigade *Blaise* (11ᵉ et 12ᵉ de marche) ; au centre, Chevilly, objectif de la brigade *Guilhem* (35ᵉ et 42ᵉ de ligne) ; à droite, L'Hay, objectif de la brigade *Dumoulin* (9ᵉ et 10ᵉ de marche).

Le village de Thiais, situé sur le plateau de Villejuif, près de son arête sud-est, communique par une rue avec Choisy-le-Roi, qui se trouve dans la vallée.

D'après les dispositions arrêtées le 29 au soir entre le général *Blaise* et ses chefs de corps, deux compagnies du 12ᵉ formant avant-garde de la brigade doivent s'élancer sur Thiais, y pénétrer, puis, aussitôt la brigade en vue, se jeter sur Choisy-le-Roi.

Leur mouvement sera appuyé par le 11ᵉ, qui passera entre Thiais et Chevilly, et par le 12ᵉ, qui occupera le village, et dont un bataillon se dirigera entre Thiais et Choisy-le-Roi.

Le 30 septembre, à trois heures du matin, toutes les troupes sont massées entre Moulin-Saquet et les Hautes-Bruyères.

Les deux régiments de la brigade ont chacun deux bataillons en 1ʳᵉ ligne et un en 2ᵉ. Ceux de la 1ʳᵉ ligne sont formés en colonnes de divisions, et ceux de la 2ᵉ en colonnes par divisions à demi-distance.

Après une canonnade du fort d'Ivry contre Thiais qui dure jusqu'à quatre heures environ, les deux compagnies du 12ᵉ, — 3ᵉ du 1ᵉʳ bataillon (capitaine *Festugière*), et 4ᵉ (capitaine *Déhon Dahlmann*), — s'élancent sur le village. Elles parcourent avec le plus grand entrain tout le plateau, long de 3 à 4,000 mètres, et culbutent les avant-postes prussiens de Moulin-d'Argent-Blanc. A 500 mètres du village, elles se trouvent en butte, sur un terrain complétement découvert, à un feu de mousqueterie et d'artillerie des plus dangereux.

Néanmoins, elles franchissent cet espace avec vigueur, mais non sans pertes sensibles, et leur élan ne s'arrête qu'au village lui-même, alors qu'elles viennent se heurter contre un grand mur d'enceinte qui leur fait obstacle.

Ce mur crénelé, flanqué d'une part par le cimetière,

et de l'autre par un épaulement armé d'artillerie, abrite l'ennemi, qui accueille nos tirailleurs, de face, par une fusillade à bout portant, et, de flanc, par des feux croisés.

Le capitaine *Festugière* est mortellement atteint.

Ne pouvant franchir le mur, les deux compagnies vont prendre position à 300 mètres en arrière.

Là, bien que sur un terrain découvert, elles répondent coup pour coup, et, au prix des pertes les plus sensibles, elles s'y maintiennent jusqu'à l'arrivée du régiment, qu'elles ont devancé d'une demi-heure.

Reçu à son tour par un feu des plus violent de mitraille et de mousqueterie, le régiment déploie ses compagnies en tirailleurs, ne conservant en réserve que le 3ᵉ bataillon. Il tente un nouvel effort; mais les pertes considérables qu'il éprouve sous ce feu convergent arrêtent son mouvement en avant.

Bientôt le 1ᵉʳ bataillon (90ᵉ) du 12ᵉ se rallie à la voix du lieutenant-colonel *Lespieau*, et, battant la charge, il se jette sur Thiais.

L'élan subit de cette attaque refoule l'ennemi; quittant à la hâte l'épaulement qu'il occupait au nord de Thiais, il nous abandonne la batterie qui l'arme. Nos soldats s'embusquent dans le fossé et sur le talus extérieur de l'ouvrage, et font le coup de feu avec les Prussiens postés dans les maisons et derrière les murs. Pendant ce temps, la 1ʳᵉ compagnie du 3ᵉ bataillon (93ᵉ), soutenue par la 6ᵉ, pénètre, à l'aide de la déclivité du terrain, dans les premières maisons de Choisy-le-Roi.

Faute d'attelages, le 12ᵉ ne peut faire enlever la batterie ennemie. Néanmoins, il ne veut pas abandonner sa prise; il tient ferme et conserve pendant plus de quatre heures le terrain conquis.

Il est midi lorsque le régiment reçoit l'ordre de se replier. Cet ordre est motivé par l'échec de la brigade *Guilhem* devant Chevilly, insuccès qui découvre notre flanc droit.

Abandonnant lentement le terrain, le régiment effectue sa retraite en échelons et en bon ordre sous la protection des quatre dernières compagnies du 3ᵉ bataillon.

A 5 ou 600 mètres, les bataillons s'arrêtent, font face en tête; les hommes s'embusquent et continuent à soutenir le combat.

Cette bonne contenance en impose à l'ennemi, qui n'inquiète pas la retraite.

Arrivée à Moulin-Saquet, la brigade *Blaise* prend position derrière l'ouvrage.

Bien que le but de l'opération n'ait pas été atteint complétement, le combat de Thiais, appelé par les Allemands « la première grande sortie des Parisiens », n'en fut pas moins glorieux pour le régiment. Le 12ᵉ de marche, bien que de formation récente, s'y montra le digne émule des 35ᵉ et 42ᵉ, braves régiments qui soutinrent si vaillamment l'honneur de la vieille armée.

Les pertes qu'éprouva dans cette journée le 12ᵉ de marche témoignent, par leur nombre, de la vigueur et surtout de la ténacité dont il fit preuve. F^{lles} s'élèvent à 12 officiers et à 260 hommes tués ou blessés. *Les* deux premières compagnies engagées eurent un tiers de leur effectif et presque leurs cadres en entier mis hors de combat.

L'ennemi nous avait opposé, dans cette journée du 30 septembre, une partie du 6ᵉ corps prussien et du 2ᵉ bavarois. Le 12ᵉ avait eu directement affaire au 27ᵉ régiment prussien.

Les officiers dont les noms suivent, marquèrent de leur sang cette rude journée : le lieutenant *Hicard* et le sous-lieutenant *Aubert*, tués; les capitaines *Festugière*, mort des suites de ses blessures, *Déhon Dahlmann, Ricatte, Pauron;* le lieutenant *Ragondet;* les sous-lieutenants *Sicard, Parmezin, Pons, Fournel,* blessés. Le commandant *Augier de La Jallet* fut contusionné.

Les pertes totales des troupes du 3ᵉ corps furent de 2,120 hommes, c'est-à-dire du cinquième des troupes engagées, dont l'effectif s'élevait à 11,000 hommes environ.

L'ennemi avait fait des pertes bien inférieures aux nôtres; mais la nature même du combat explique cette disproportion.

Nos hommes avaient combattu à découvert contre des murailles crénelées et étagées de feux.

A la suite du combat de Thiais, dans un ordre du jour daté du 10 novembre 1870, le gouverneur de Paris citait, parmi les défenseurs de la capitale ayant bien mérité de la patrie, le tambour *Gérodias* (Augustin), du 1ᵉʳ bataillon (90ᵉ) du 12ᵉ de marche, avec la mention suivante : « A eu sa caisse brisée au moment où il battait la charge au combat de Thiais le 30 septembre. Saisissant le fusil d'un homme tué à ses côtés, il s'est porté en avant, a été blessé, et ne s'est retiré qu'à la fin de l'action. »

Le mois d'octobre s'écoula sans donner lieu à aucun fait de guerre de quelque importance.

Afin de prévenir une nouvelle attaque contre Thiais, Choisy-le-Roi, L'Hay et Chevilly, abordés par nous le 30 septembre, les Prussiens créèrent des obstacles multiples autour de ces villages, et les relièrent par une longue tranchée.

De notre côté, les travaux se poursuivirent activement sur le plateau. Une série d'ouvrages considérable fut entreprise par le général *Tripier.*

Frappé des pertes éprouvées par nos troupes le 30 septembre en marchant à découvert contre les villages de L'Hay, Chevilly et Thiais, le général *Tripier* résolut d'employer le système d'ouvrages de contre-approche, si admirablement utilisé par les Russes à Sébastopol, système qui nous permettrait de marcher à l'ennemi en nous défilant au moyen de parallèles et de tranchées successives.

C'est aux travaux dirigés contre Choisy-le-Roi que le régiment fut employé pendant le mois d'octobre. Il occupa, en même temps, la ligne d'avant-postes qui s'étend depuis les pentes de Saquet jusqu'à Port-à-l'Anglais.

§ 4. — 1870. — 112° RÉGIMENT DE LIGNE : THIAIS, L'HAY, VILLE-ÉVRARD, PLATEAU D'AVRON, MOULIN-SAQUET, PARIS.

Par décret en date du 1er novembre 1870, les régiments de l'armée de Paris prirent rang dans la série des anciens régiments de ligne, et reçurent une constitution analogue à la leur. Le 12° régiment de marche devint le 112° régiment de ligne.

Pendant le mois de novembre, le 112° alterna avec le 111° dans l'occupation de la redoute de Moulin-Saquet, et dans les travaux de contre-approche dirigés sur Thiais.

Le 11 novembre, le général *Vinoy*, nommé au commandement en chef de la 3° armée, adressait au 13° corps, qu'il quittait, et auquel appartenait le 112°, l'ordre du jour suivant :

Au quartier général de Paris, 11 novembre 1870.

Officiers, sous-officiers et soldats du 13° corps,

Appelé au commandement de la 3° armée, je me sépare de vous avec regret.

Dans les engagements sous les murs de Mézières, dans la retraite longue et pénible qui nous a permis d'échapper au désastre de Sedan, dans les combats livrés à Creteil, aux Hautes-Bruyères, à Chevilly, à Bagneux, vous avez prouvé à votre général en chef qu'il pouvait compter sur vous.

Continuez à montrer la même fermeté devant l'ennemi, la même patience dans le service pénible des avant-postes; restez fidèles à l'ordre et à la discipline, qui distinguent les vrais soldats, et sans lesquels il n'y a pas de succès.

Le 13° corps a su conquérir, jusqu'à ce jour, une réputation sans tache; sachez la conserver sous les ordres de votre nouveau chef, déjà connu de vous tous, et dont vous avez pu apprécier les hautes qualités.

Quant à moi, qui ai partagé vos efforts, je vous suivrai avec intérêt dans les dangers qui vous attendent encore, et mon souvenir ne se séparera jamais de vous.

Le général commandant en chef la 3e armée,

VINOY.

Le général *Vinoy*, nommé au commandement de la 3e armée, fut remplacé dans celui du 3e corps par le général *Blanchard*.

Sur la proposition du général *Ducrot*, la division *de Maud'huy*, dont faisait partie le 112e, fut détachée de la 2e armée, et adjointe au commandement du général *Vinoy*, afin que ce dernier eût un noyau solide au milieu de son armée de mobiles.

Combat de L'Hay (29 novembre).

A la suite de la nouvelle du succès de l'armée de la Loire à Coulmiers, la résolution est prise par le gouvernement de marcher à sa rencontre.

Il s'agit de se diriger le plus rapidement possible vers Orléans pour donner la main aux troupes du général *d'Aurelle de Paladines*.

Mais sur la route directe d'Orléans à Paris, nous nous heurtions, aux premiers pas, à une formidable ligne de défense passant par L'Hay, Thiais, Choisy-le-Roi, renforcée encore depuis nos sanglants combats du 30 septembre. Derrière cette première ligne s'en trouvait une seconde par Fresnes, Villeneuve-Saint-Georges, Boissy-Saint-Léger.

L'attaque par le front sud avait donc pour elle bien peu de chances de succès. Aussi, le général *Ducrot* se décida-t-il à porter son effort vers l'est en franchissant la Marne, puis, maître des plateaux qui dominent la rive gauche, à se rabattre vers le sud. Ainsi se trouverait tournée la formidable ligne de défense passant par Villeneuve-Saint-Georges.

Pour faciliter cette opération, fixée au 29 novembre, deux divisions devaient seconder l'effort principal. Au nord, les troupes avaient ordre de s'emparer du village d'Épinay; au sud, le général *Vinoy* devait attaquer le village de L'Hay en même temps que la Gare-aux-Bœufs et Choisy-le-Roi.

La prise de L'Hay était des plus difficile : ce village est contourné à l'est et au nord par une conduite d'eau souterraine présentant une levée de 1 mètre de hauteur. Cette véritable enceinte avait été encore renforcée par des tranchées et un petit ouvrage près de la route de Chevilly, et présentait des angles et des crochets très-favorables aux feux croisés.

Une seconde ligne était formée par des enclos, des ponts, le cimetière, des barricades, et en arrière de cette ligne, l'ennemi avait organisé un réduit formidable au centre du village, ainsi que dans les parcs Dubois et Chevreuil. Le village ne pouvait être tourné; il fallait attaquer de front et à découvert tous ces obstacles successifs.

L'opération fut confiée au général *de Maud'huy*.

Le 110ᵉ (lieutenant-colonel *Mimerel*, depuis colonel au 12ᵉ de ligne) s'établit, avant le jour, dans les tranchées au-delà des Hautes-Bruyères. En seconde ligne, dans la tranchée Tripier, se place le 2ᵉ bataillon du 112ᵉ (lieutenant-colonel *Lespieau*), appuyé à droite par le 3ᵉ bataillon, qui se relie avec les troupes de La Maison-Blanche, et, à gauche, par le 1ᵉʳ bataillon du 109ᵉ, placé derrière La Saussaye. En réserve se trouve le 1ᵉʳ bataillon du 112ᵉ et deux bataillons du 109ᵉ. Le 111ᵉ garde Villejuif et Moulin-Saquet.

A six heures du matin, le 110ᵉ, en six colonnes, sort de la tranchée et s'élance sur L'Hay. Mais, bien que les avant-postes prussiens eussent été refoulés, et que les premières maisons fussent en notre pouvoir, les renforts allemands arrivent d'instant en instant, et le 110ᵉ, décimé par les projectiles, est obligé de s'arrêter.

A ce moment, sept heures et demie, la 1ʳᵉ ligne étant compromise, le lieutenant-colonel *Lespieau* n'hésite pas à faire intervenir le régiment. Le mouvement se prononce compagnie par compagnie.

La 1ʳᵉ compagnie du 2ᵉ bataillon (lieutenant *Noël*), brillamment enlevée par cet officier, franchit d'un bond la tranchée qui la couvre, et s'élance hardiment sur L'Hay. Les autres compagnies suivent l'impulsion.

On pénètre dans de nouvelles maisons, dans des enclos, et on en déloge les Prussiens malgré une grêle de balles venant de front et de flanc. Le lieutenant-colonel *Mimerel* est grièvement blessé; officiers et soldats jonchent le sol. Le lieutenant *Noël* reçoit deux balles à bout portant dans la poitrine en pénétrant dans un enclos.

Ce premier succès électrise nos troupes, et, malgré l'énergie de la défense, elles le poursuivent en enlevant maison par maison.

Mais alors le général *Vinoy* reçoit une dépêche du gouverneur lui annonçant que, par suite de la rupture des ponts de la Marne, la grande opération est ajournée. La diversion sur L'Hay n'a plus dès lors de raison d'être, et cela d'autant mieux que la position de ce village ne permet pas de le conserver.

La retraite est ordonnée. C'est à regret que les soldats abandonnent le terrain conquis. Dans ce mouvement rétrograde, les Allemands, sans quitter leurs créneaux, nous tuent encore beaucoup de monde, fusillant de loin nos hommes qui, avant de gagner leurs tranchées, sont obligés de parcourir plus d'un kilomètre en terrain complétement découvert. Le capitaine *Bach* est tué ainsi en se retirant.

Cette chaude affaire était terminée à dix heures; elle coûtait 1,000 hommes à la division.

Les pertes subies par le régiment étaient les suivantes :

Le capitaine *Bach*, tué;

Le lieutenant *Noël*, grièvement blessé;

Le sous-lieutenant *Bouteiller*, mort des suites de ses blessures;

Le sous-lieutenant *Franceschi*, blessé.

Il y a lieu de citer ici un acte de courage et de dévouement accompli par le soldat *Müller*, qui, sous la mitraille, releva son officier, le lieutenant *Noël*, grièvement blessé, et l'emporta vers la tranchée. Dans sa marche avec son précieux fardeau, il fut lui-même atteint d'un coup de feu qui lui enleva trois doigts; mais ne tenant point compte de sa propre souffrance, il poursuivit son œuvre de dévouement, et remit son lieutenant aux soins du médecin.

Le lendemain, 30 novembre, vers une heure, le général *Vinoy* se décide à faire une démonstration nouvelle pour venir en aide à nos troupes de la rive droite de la Seine qui attaquent Montmesly. Il organise deux colonnes d'attaque, l'une sur Thiais, l'autre sur Choisy-le-Roy.

La brigade *Blaise* (111ᵉ et 112ᵉ), chargée de l'attaque de Thiais, se déploie en avant de Moulin-Saquet et menace ce village. Mais, à ce moment, le général *Vinoy*, n'entendant plus le feu du côté de Montmesly, ordonne la retraite. Cette diversion ne coûta aucune perte à la colonne *Blaise*.

Pendant le mois de décembre, le 112ᵉ continua à alterner avec le 111ᵉ pour la garde de la redoute de Moulin-Saquet et l'exécution des travaux de contre-approche.

Dans un ordre du 18 décembre, le général *Trochu*, gouverneur de Paris, citait à l'ordre de l'armée, comme s'étant particulièrement distingués à l'affaire de L'Hay :

Dans le 112ᵉ, le sous-lieutenant *Bouteiller*, blessé grièvement en enlevant brillamment une tranchée à la tête de sa compagnie;

Le sergent *Jacquel*, pour avoir vigoureusement chargé, à la tête de plusieurs hommes, un groupe ennemi qui tentait de s'emparer du sous-lieutenant *Bouteiller*, gravement blessé, et pour l'avoir longtemps tenu en respect.

Par décret du 9 décembre, M. le chef de bataillon *Rogé*, commandant le 1ᵉʳ bataillon du régiment, est nommé lieutenant-colonel. Il prend le commandement du régiment en remplacement de M. le colonel *Lespieau*, nommé colonel hors cadres.

M. le capitaine adjudant-major *Ferrieu*, du 1ᵉʳ bataillon, est nommé chef de ce même bataillon en remplacement de M. le lieutenant-colonel *Rogé*.

Affaire de Ville-Evrard.

Le 20 décembre, le régiment se portait sur le fort de Rosny.

Le lendemain, tandis qu'une partie de l'armée de Paris tentera un effort sur Le Bourget, une partie de la brigade *Blaise* devra faire une sérieuse diversion en s'emparant de Ville-Evrard et en l'occupant.

Ville-Evrard est un vaste asile d'aliénés situé à environ 15 kilomètres de Paris.

Le 21, à la pointe du jour, le 112ᵉ, renforcé par un bataillon du 111ᵉ et par de l'artillerie, se dirige sur Neuilly-sur-Marne. Le général *Blaise* commande la colonne. Le régiment se déploie en avant de Neuilly, et assiste toute la journée à un brillant combat d'artillerie où le succès nous reste.

Vers quatre heures, le régiment prononce son mouvement offensif sur Ville-Evrard, où il entre sans coup férir. On procède immédiatement à la mise en état de défense de la position.

Ville-Evrard est un vaste quadrilatère, dans lequel se trouvent des bâtiments isolés au milieu d'un grand parc. Au sud-ouest du parc, dont ils sont séparés par un chemin, se trouvent l'hospice, la chapelle, de grands corps de bâtiment et d'importantes dépendances.

Les bataillons de la colonne sont ainsi répartis pour la défense de la position : quatre compagnies du 1er bataillon dans le parc; les deux autres en dehors de l'établissement, dans les dépendances au sud du parc; le 2e bataillon garnira la face du parc qui est située du côté de Gournay, et le 3e celle qui regarde la Maison-Blanche. Le bataillon du 111e est en réserve sur le parc.

Un canal large et profond défend le flanc droit de la position. La Maison-Blanche, que l'on croit occupée par une brigade française, division *d'Hugues*, couvre le flanc gauche. (On a su depuis que cette brigade s'était retirée.) Les derrières sont assurés par la présence du régiment de gendarmerie à pied à Neuilly-sur-Marne.

Une compagnie de grand'garde défend le front de la position. Elle est établie le long de la route de Chelles, et elle a un petit poste en avant, au sommet du triangle formé par le canal et la route. Là se trouve un petit pont qui a été détruit.

Enfin, une des deux compagnies du 1er bataillon, placée à l'extérieur du parc, détache une section dans une petite maison près du canal, et à côté d'un pont également détruit.

Ces dispositions étant prises, les murs du parc sont

crénelés; on procède à la fouille des bâtiments; mais la visite des caves est interdite par le général, dans la crainte que quelques hommes ne se laissent aller à la tentation de boire et ne s'enivrent. Cette interdiction devait être fatale à la colonne; car ces caves servaient de refuge à de nombreux ennemis, ainsi que la suite l'a démontré.

La nuit vient surprendre le régiment presque au début de son organisation défensive, et c'est à tâtons qu'elle se poursuit. On peut dès lors se croire en sûreté, et chacun songe à prendre un peu de repos, le premier de la journée.

Le général *Blaise*, qui avait fait ouvrir une vaste brèche dans le mur du front de la position pour y placer une batterie de mitrailleuses, avait eu l'heureuse inspiration de renvoyer toute son artillerie en arrière de Neuilly. C'était la mettre à l'abri d'un coup de main de nuit, et, au jour, la soustraire à un danger imminent, par suite de la position de Ville-Evrard, que dominent de tous côtés des collines garnies d'artillerie.

Entre cinq heures et demie et six heures du soir, l'ennemi, réussissant, à la faveur de l'obscurité la plus complète, à se glisser sans bruit le long du canal, fait brusquement irruption, et culbute le petit poste avancé gardant le front de la position, puis il se précipite vers l'établissement avec des hurrahs formidables. Les Allemands contournent le parc des deux côtés, et cherchent à entrer par les derrières, où se trouve la principale issue.

Cette masse vient donner tête baissée sur les deux compagnies qui sont à l'extérieur. Celles-ci, se croyant couvertes par les défenseurs du parc, mangeaient la soupe lorsqu'il fallut soudainement courir aux armes. Entourées de tous côtés, ces deux compagnies tombent au pouvoir de l'ennemi, moins une cinquantaine d'hommes qui parviennent à s'échapper.

L'irruption de l'ennemi fut si soudaine, que, ni le petit poste, ni la grand'garde n'eurent le temps de tirer, et que l'alarme ne fut donnée que par les hurrahs des Allemands arrivant pêle-mêle avec les Français.

Cette instantanéité de l'attaque surprend les défenseurs de Ville-Evrard, et cela d'autant mieux qu'aux cris poussés par les Prussiens ils se voient pris à revers par des ennemis sortant des caves. Ces derniers avaient pu s'y réfugier, en effet, au moment de la prise de possession des bâtiments par les Français.

Il résulte de cette attaque subite un court moment de désordre; mais bientôt, à la voix de leurs chefs, les hommes se portent aux créneaux et prennent leur poste de combat. Aux premiers coups de feu, les quatre compagnies en réserve du 1er bataillon viennent renforcer les défenseurs du front de la position (2e bataillon) et garnir la face tournée vers le canal. Les Allemands sortis des caves sont repoussés à l'extérieur de Ville-Evrard. Une fusillade à bout portant s'engage de part et d'autre sur les quatre faces du parc.

Le temps ayant manqué pour faire des banquettes, les créneaux se trouvent à hauteur d'homme; aussi, à chaque instant, l'ennemi essayait-il de les emboucher ; c'était à qui de l'assaillant ou du défenseur y placerait le plus rapidement son arme. Un grand nombre de créneaux ne furent débouchés qu'au moyen de coups consécutifs de revolver tirés par les officiers.

C'est dans ces conditions que la lutte se poursuit une partie de la nuit.

L'ennemi tente l'assaut à plusieurs reprises par la brèche faite pour les mitrailleuses ; chaque fois il est repoussé à la baïonnette avec la plus grande énergie.

Les efforts de l'ennemi sont également vains du côté d'une des grilles du parc à demi-fermée, et derrière laquelle une compagnie du 3ᵉ bataillon exécute à genou des feux à commandement.

Plusieurs fois des officiers ennemis se présentent devant la grille et somment cette compagnie de se rendre. Chaque fois, le fusil se charge de la réponse à cette sommation.

Sur un autre point, 14 Saxons escaladent le mur et sont faits prisonniers. Enfin, à deux heures du matin, l'ennemi voyant ses efforts rester infructueux, se retire définitivement.

Lors de l'attaque des Allemands, le petit poste d'une section placée le long du canal s'était vu, en un instant, coupé de sa compagnie et de Ville-Evrard. Néanmoins, commandé par un officier énergique, M. le sous-lieutenant *Moreau*, il entama un feu nourri qui, se croisant avec celui des défenseurs de la face donnant sur le canal, rendit le passage des p.   périlleux pour les Allemands.

Ce ne fut que vers minuit, alors que la section avait épuisé ses munitions et perdu 14 hommes, que les Allemands parvinrent à s'en rendre maîtres.

Ce jour-là, la brigade avait à regretter la perte du brave général *Blaise*, tombé frappé d'une balle allemande au moment de l'alerte, alors qu'il sortait en toute hâte de la maison qu'il occupait pour se rendre près de ses troupes.

Cette affaire coûta au régiment : le sous-lieutenant *Salembier*, grièvement blessé, et 291 sous-officiers, caporaux ou soldats tués, blessés ou disparus.

Après une nuit assez anxieuse, le régiment reçut de M. le général *Vinoy*, à sept heures du matin, l'ordre de rentrer au fort de Rosny, mouvement qu'il exécuta en bon ordre, et avec ses blessés et ses prisonniers.

Au dire des prisonniers, les assaillants étaient au nombre de 3,000 à 3,600 hommes. Ils étaient composés de Chasseurs de la garde royale saxonne, auxquels appartenaient ces prisonniers, de Bavarois venus de Choisy-le-Roy, et de Prussiens. Ce furent les Saxons qui se montrèrent les plus acharnés dans cette affaire.

Le 23 décembre 1870, le général *Vinoy* adressait à ses troupes, au sujet de l'affaire de Ville-Evrard, l'ordre du jour suivant :

ORDRE GÉNÉRAL.

Dans la nuit du 21 au 22 décembre, les bâtiments et le parc de Ville-Evrard, qui avaient été enlevés pendant la journée précédente avec courage et entrain par quatre bataillons du général *Blaise*, ont été attaqués à l'improviste.

Quoique surpris et privés de leur général, blessé mortellement au commencement de l'action, nos bataillons ont fait bonne contenance. Ils ont su résister courageusement, et ont pris ou tué une bonne partie des assaillants. Malheureusement, quelques hommes, et même des officiers, ont quitté leurs camarades, et sont venus répandre l'alarme dans les villages environnants, et presque au quartier général. Le général en chef félicite chaleureusement les bataillons du 112ᵉ et du 111ᵉ de ligne de leur conduite énergique, et sollicitera pour eux une large part des récompenses. La faute commise par quelques-uns ne portera pas préjudice aux régiments et ne peut leur faire tache. Mais, quant à ceux qui ont abandonné leur poste et qui ont jeté leurs armes pour fuir, ils auront à rendre compte de leur conduite devant le conseil de guerre. Dans les circonstances graves où nous nous trouvons, et dans l'intérêt de la discipline, on ne saurait tolérer un semblable oubli des devoirs les plus rigoureux qui sont imposés devant l'ennemi.

Au quartier général, le 23 décembre 1870.

Général VINOY.

Le général *Vinoy* faisait allusion, dans son ordre, à quelques officiers qui, sortis du parc pour prendre leur repas, se trouvèrent, lors de l'attaque, séparés de leur troupe.

Ils ne purent la rejoindre, et se rendirent à Neuilly-sur-Marne. Quelques hommes isolés se replièrent de même sur Neuilly, où se trouvaient les gendarmes à pied.

Le 23, le 2ᵉ bataillon quitte Rosny pour aller occuper le Kremlin, près de Gentilly.

Le 25, les deux bataillons restés au fort de Rosny, momentanément embrigadés avec le régiment de gendarmerie à pied, sont, ainsi que ce corps, passés en revue sur les glacis par le général *Dargentolle*.

Bombardement du plateau d'Avron (26 décembre).

Le 26 décembre commença le bombardement du fort de Rosny et du plateau d'Avron. On croit au prélude d'une attaque de vive force de cette dernière position occupée par la division *d'Hugues*.

Le régiment reçoit l'ordre de laisser ses sacs à Rosny, et de se porter en toute hâte au plateau d'Avron pour soutenir cette division. A leur entrée dans le village de Rosny-sous-Bois, les têtes de colonne des 1er et 3e bataillons subissent successivement le feu de l'artillerie ennemie qui enfile la route. Les compagnies du 3e bataillon sont obligées de franchir ce passage l'une après l'autre au pas de course. Quelques hommes sont blessés. Un coude de la route, à angle droit, se présente à propos pour soustraire les troupes à ce feu meurtrier.

Le régiment de gendarmerie, qui a suivi le 112e, s'arrête dans Rosny-sous-Bois. Ce dernier régiment continue rapidement sa route et arrive, à travers des champs couverts de neige, au pied du plateau. Là, les deux bataillons déployés sont placés l'un contre l'autre sans intervalle, dans un étroit espace jusqu'alors respecté par les projectiles. Il fait un froid intense. Le plateau et ses abords sont bombardés à outrance par une artillerie formidable comme nombre et comme calibre, à laquelle les 70 pièces françaises du plateau répondent sans succès, faute d'une portée égale. Les hommes du régiment sont condamnés à l'immobilité malgré le froid. S'écarter de quelques pas de la langue de terre qu'ils occupent, c'est entrer dans la zone dangereuse. On ne peut songer à prendre de nourriture; les vivres d'ailleurs sont restés à Rosny. C'est dans cette situation pénible, et dans l'attente continue d'une attaque de vive force que s'écoule la journée. La nuit venue, le 112e est renvoyé au fort de Rosny.

Le 27 décembre, au matin, le régiment retourne au plateau d'Avron, où le bombardement continue. Cette fois, les bataillons sont placés séparément le long du mur d'enclos du petit village de Neuilly-Plaisance, situé au pied de la montagne. Un demi-cercle de feu enveloppe le Mont-Avron. L'artillerie française a dû cesser son feu. Cette mesure a été rendue nécessaire par les pertes subies et la grande différence de portée qui existe entre nos pièces et les pièces allemandes. Le plateau est littéralement couvert d'éclats d'obus. Tous les projectiles tombent sur nos lignes avec une précision incroyable; ils sont du plus gros calibre. Il s'agit donc, pour l'infanterie, de rester calme mais inactive sous cette grêle d'obus. Le général *d'Hugues* exhorte les troupes à ce rôle tout passif. Malgré la canonnade, le manque de nourriture et le froid, un des plus terribles de l'hiver, le régiment fait bonne contenance; personne ne quitte son rang. Sa ferme attitude permet aux officiers d'infanterie de marine d'arrêter un certain nombre de leurs hommes qui cherchent à se réfugier dans les carrières.

Dans la journée, le général *Vinoy*, commandant en chef la 3e armée, vient inspecter la position et passe devant le régiment.

La nuit venue, le régiment est relevé par les zouaves et le 136°, et retourne à Rosny.

Le lendemain, 28 décembre, les 1ᵉ et 3° bataillons quittent Rosny et vont rejoindre le 2° au Kremlin.

Les pertes éprouvées par le régiment, dans les journées des 26, 27 et 28, sont de 4 tués et 9 blessés.

1871

Le 5 janvier 1871, au matin, le 112° reçoit l'ordre de venir relever le 111° à Moulin-Saquet; mais, à ce moment, un bombardement tellement intense est dirigé sur la redoute, que le 1ᵉ bataillon ne peut s'y glisser qu'homme par homme, et qu'on est obligé de suspendre le mouvement des deux autres bataillons. Ces deux bataillons s'abritent le reste du jour dans un chemin creux, et, à la nuit, ils entrent dans la redoute et relèvent le 111°.

Le 6 et le 7, le bombardement est des plus actif. La position des défenseurs de la redoute est devenue très-difficile. L'artillerie allemande qui, depuis longtemps, a apprécié la distance de la redoute, tire avec une telle justesse qu'elle rend le terre-plein intenable.

Les parapets, non casematés, et d'ailleurs peu élevés, offrent un abri tout à fait insuffisant. Les hommes sont réduits à se tenir, nuit et jour, dans les fossés de la redoute.

Le génie se met à l'œuvre pour creuser des abris sous ce terre-plein; mais, en attendant la fin de ce travail, qui est assez long, la situation des défenseurs de la redoute est des plus dangereuse.

Le bombardement va en s'affaiblissant du 9 au 21 janvier.

Les alertes de nuit se multiplient; la surveillance va croissant; on sent qu'on touche à la période finale. On peut craindre un effort décisif de l'ennemi sur la redoute, d'où il commanderait les forts de Bicêtre et d'Ivry, et pourrait porter ses projectiles au cœur de Paris. Pour parer à toute éventualité pendant la nuit, deux escouades par compagnie gardent incessamment les parapets, et les officiers font le quart; tous les jours, de quatre heures du matin à neuf heures, le régiment prend ses emplacements de combat jusqu'à la rentrée des reconnaissances.

Les pertes éprouvées pendant cette période sont de 2 tués et 15 blessés.

Par décret du 22 janvier 1871, M. *Mimerel*, lieutenant-colonel hors cadres, à l'ambulance pour blessures, est nommé colonel du 112ᵉ d'infanterie.

Le 22, après 17 jours de bombardement et d'un service des plus pénible, le régiment quitte la redoute de Moulin-Saquet et se porte sur Vitry.

Par suite de la capitulation, le 29, le régiment rentre dans Paris, et occupe, pendant l'armistice, les casemates des remparts des bastions 80 à 85, c'est-à-dire la limite des quartiers de Montrouge, La Glacière, La Santé et La Butte-aux-Cailles.

Le 7 février, le régiment est désarmé.

Du jour de sa rentrée à Paris jusqu'au 15 du mois de mars, le régiment occupe les mêmes emplacements.

Pendant cette période d'inaction, bien qu'au milieu d'une population turbulente et agitée, les soldats du 112ᵉ donnent la mesure de leur bon esprit et de leur discipline par leur respect inaltérable pour leurs chefs, et leur exactitude aux appels.

Le 15 mars, le 112ᵉ verse au 69ᵉ de ligne, au Luxembourg, ses hommes non libérables, et part avec le reste pour Evreux.

Le surlendemain, l'insurrection éclate dans Paris; l'armée se rend à Versailles; mais les troupes du Luxembourg sont oubliées.

Les soldats du 112ᵉ, incorporés au 69ᵉ, sans distributions régulières depuis deux jours, ont à subir les excitations et les sommations des insurgés, qui les pressent de rendre leurs armes. Continuant les bonnes traditions du régiment, ces braves et fidèles soldats repoussent tout compromis avec l'insurrection, et, grâce à leur ferme attitude, qui en impose aux émeutiers, ils peuvent sortir du Luxembourg tambour battant, traverser ainsi Paris insurgé, et aller rejoindre l'armée en formation à Versailles.

Le 25 mars, s'achève à Evreux la libération des hommes que le régiment a amenés avec lui.

Le 26, les officiers partent pour rejoindre, à Pont-du-Château, le Dépôt du 12ᵉ de ligne, avec lequel le 112ᵉ est fusionné.

CHAPITRE IX

1871.

Une décision ministérielle, en date du 15 mars, ordonne la fusion des 12ᵉ et 112ᵉ régiments d'infanterie. En conséquence, les officiers et quelques hommes du 112ᵉ partent d'Evreux pour rejoindre le Dépôt du 12ᵉ au camp de Pont-du-Château.

A cette époque, le Dépôt, commandé par M. le major *Chamault*, se compose de la compagnie hors-rang, de trois compagnies de Dépôt portant les nᵒˢ 6, 7 et 8, et des 1ʳᵉ et 2ᵉ compagnies provisoires.

Le 28 mars, la 1ʳᵉ compagnie du 1ᵉʳ bataillon est formée au moyen d'hommes rentrant de position d'absence.

Le 1ᵉʳ avril, la 2ᵉ compagnie du 1ᵉʳ bataillon est formée de la même manière.

Le 9 avril, M. le lieutenant-colonel *Rogé* prend le commandement du régiment.

Le 11 avril, la 1re compagnie du 1er bataillon (capitaine *Laredan*) reçoit l'ordre de rejoindre l'armée de Versailles. A son arrivée, le Ministre de la Guerre ordonne le passage du lieutenant *Viala* et des hommes de troupe au 109e régiment. Le capitaine et le sous-lieutenant rentrent au corps.

Le 12 avril, la 1re compagnie du 1er bataillon est reformée au moyen d'éléments fournis par les trois compagnies du Dépôt et par quelques hommes rentrés de captivité.

L'effectif du régiment augmentant chaque jour par suite de l'arrivée des prisonniers de guerre, la 3e compagnie du 1er bataillon est formée le 17 avril.

Le 1er mai, tous les officiers et les hommes disponibles partent pour Thiers, afin de réprimer une émeute qui vient d'éclater dans cette ville. La présence des troupes suffit pour faire cesser le désordre, et le régiment rentre le soir au camp de Pont-du-Château.

Le 21 mai, M. le lieutenant-colonel *Truchy* prend le commandement du régiment. MM. les lieutenants-colonels *Mathelin* et *Rogé* restent à la suite du corps.

Le 29 mai, un arrêté du Chef du Pouvoir exécutif nomme à un emploi de sous-lieutenant, à titre provisoire, M. *Chapuis* (Ferdinand), candidat admissible à l'École spéciale militaire, pour prendre rang du 20 octobre 1870.

Le 31 mai, un arrêté du Chef du Pouvoir exécutif confirme les nominations dans la Légion d'honneur citées plus haut, et faites par M. le maréchal commandant en chef l'armée du Rhin.

A ces nominations, il faut ajouter celle au grade de chevalier de M. *Delprat*, capitaine, venu d'un autre corps, pour prendre rang du 12 octobre 1870, et un certain nombre de médailles militaires, rang du 19 du même mois, accordées aux militaires du régiment dont les noms suivent :

Casier, caporal; *Simon*, sapeur; *Robardey*, *Chaussein*, *Hauteville* (Petit-Jean), *Gatel*, *Treiber*, *Pierre*, *Marillet*, *Mahé*, *Lescarou*, *Carré*, *Champy*, *Muron*, *Hervé*, soldats.

Le 3 juin, la 2e compagnie du 1er bataillon (capitaine *Pauron*) va tenir garnison à Riom.

Le 14, tout ce qui constitue le régiment, c'est-à-dire 69 officiers et 252 hommes de troupe, vient tenir garnison à Riom, moins la 1re compagnie du 1er bataillon, qui reste à Pont-du-Château.

Par suite de la rentrée de captivité des prisonniers de guerre, de nouvelles compagnies sont successivement constituées. Le 29 juin, la 1re compagnie du 2e bataillon, nouvellement formée, va, à Pont-du-Château, relever la 1re compagnie du 1er bataillon.

Le 15 juillet, un arrêté du Chef du Pouvoir exécutif confère la médaille militaire aux nommés *Randon*, caporal, et *Marécaux*, soldat à l'ex-112e fusionné avec le régiment.

Le 17 juillet, le colonel *Mimerel* prend le commandement du régiment.

Au 20 juillet, les 1er et 2e bataillons sont chacun de cinq compagnies.

Le 1er août, en vertu d'une décision ministérielle du 24 juillet, le régiment est constitué à 24 compagnies et une compagnie hors-rang au moyen des officiers à la suite, et des officiers, sous-officiers et soldats pris dans les compagnies déjà formées.

Le 10 septembre, les six compagnies du 1er bataillon se trouvent réunies à Pont-du-Château. M. le lieutenant-colonel *Mathelin* part pour aller prendre le commandement supérieur du camp.

Le 11 octobre, le 1er bataillon rentre à Riom, avec le lieutenant-colonel *Mathelin*. Le même jour, le 2e bataillon, sous les ordres de M. le commandant *Desmouliès*, quitte Riom pour se rendre : les trois premières compagnies au camp de Pont-du-Château, et les trois autres à Billom.

Un décret du Président de la République, en date du 26 septembre, nomme à un emploi de lieutenant-colonel au corps M. *Ogier de Baulny*, chef de bataillon au 98e d'infanterie.

Un décret du Président de la République, en date du 28 octobre, nomme dans l'ordre national de la Légion d'honneur :

Au grade d'officier :

M. *Augier de La Jallet*, ex-chef de bataillon au corps.

Au grade de chevalier :

MM. *Maury*, *Demontet*, capitaines ; *Jacquel*, sergent.

Un décret présidentiel de même date confère la médaille militaire aux militaires ci-après dénommés :

Perrier, *Jean*, *Cambriels*, sergents ; *Couturier*, sergent-fourrier ; *Mouillet*, *Rigal*, *Bernardeau*, caporaux ; *Guittard*, *Favier*, *Richard*, *Seguin*, *Guitnay*, soldats à l'ex-112e fusionné avec le régiment.

Un décret présidentiel du 16 novembre confirme la médaille militaire décernée au nommé *Peytaire*, soldat au corps.

Le 15 novembre, les 1er et 3e bataillons et l'État-major, sous les ordres de M. le lieutenant-colonel *Truchy*, partent pour Marseille par les voies ferrées, et y arrivent le lendemain.

Le 2e bataillon quitte Pont-du-Château et Billom,

arrive le même jour à Riom, qu'il quitte le 16 pour se rendre à Marseille, sous les ordres de M. le lieutenant-colonel *Rogé*, et arrive le 17 à destination.

Le 18 novembre, le 4ᵉ bataillon et le Dépôt quittent Riom, sous les ordres du commandant *Ferrieu*, et arrivent le 19 à Pont-Saint-Esprit, leur lieu de garnison.

A la fin de 1871, le régiment reçoit, pour compléter son effectif, des détachements des 78ᵉ, 80ᵉ et 81ᵉ de ligne.

1872.

Au commencement de l'année 1872, la commission de révision des grades rend ses décisions relativement aux officiers du 12ᵉ.

Dix d'entre eux descendent au grade inférieur.

Un décret présidentiel du 16 janvier 1872 nomme au grade de chef de bataillon :

M. *Prévost Sansac de Traversay*, capitaine adjudant-major au 82ᵉ de ligne.

M. *Moussu*, médecin aide-major de 1ʳᵉ classe au corps, est nommé médecin-major de 2ᵉ classe par décret du 25 janvier.

M. *Desprez*, médecin aide-major de 2ᵉ classe au 25ᵉ de ligne, est nommé médecin aide-major de 1ʳᵉ classe au corps par décret du 3 février.

Une décision ministérielle du 21 mars nomme :

M. *Grincourt*, capitaine au 32ᵉ de ligne, à l'emploi de capitaine-trésorier au corps.

Par décret présidentiel du 22 mars, sont nommés au grade de chevaliers de la Légion d'honneur :

MM. *Barthélemy*, capitaine, et *Voisin*, lieutenant.

La médaille militaire est décernée, par le même décret, aux nommés :

Meiche, Rossi, Maure, Combes, Catrevaux, Bascoulergue, soldats.

Un décret du 23 avril nomme au grade de capitaine :

M. *Vincens*, capitaine à la suite du corps.

Par une décision ministérielle de la même date :

M. *Parpais*, capitaine à la suite, est nommé à un emploi de son grade au 59ᵉ de ligne;

M. *Picard*, capitaine à la suite, est nommé au 57ᵉ de même arme;

M. *Laporte*, lieutenant au corps, est nommé capitaine au 40ᵉ de ligne;

M. *Besson*, lieutenant au corps, est nommé capitaine au 49ᵉ de ligne.

M. *Loisel*, capitaine à la suite du corps, est nommé à un emploi de son grade au 115ᵉ de ligne.

Le 7 février, le régiment tout entier reçoit l'ordre de partir pour Avignon.

Le 7 mars, le 1ᵉʳ bataillon et la moitié du 2ᵉ, sous les ordres du lieutenant-colonel *Rogé*, quittent Marseille, et arrivent par étapes à destination le 10.

Le 8 mars, l'État-major, les 4ᵉ, 5ᵉ et 6ᵉ compagnies du 2ᵉ bataillon, et le 3ᵉ bataillon, commandés par le lieutenant-colonel *Truchy*, suivent la même direction.

Le 11, le 4ᵉ bataillon, sous les ordres du commandant *Ferrieu*, quitte Pont-Saint-Esprit et arrive à Avignon le 12.

Le même jour, le régiment reçoit 126 hommes du 89ᵉ, 200 du 85ᵉ et 150 du 42ᵉ de ligne.

Le 12ᵉ de ligne se trouve dès lors complétement réorganisé.

Par décision ministérielle du 4 mai, M. *Petot*, capitaine à la suite du corps, est nommé capitaine d'habillement au régiment.

Par décret du 8 mai, M. *Hamann*, capitaine à la suite du corps, est nommé à un emploi de son grade au 118e de ligne.

M. *Ragondet*, capitaine à la suite du corps, est nommé au 124e de ligne.

Par décret du 21 mai, MM. les sous-lieutenants *Imbert*, du corps, et *Boisson*, à la suite du 15e de ligne, sont nommés titulairement sous-lieutenants au corps.

Par décret du 31 mai, MM. *Pons* et *Rouvière*, capitaines à la suite du corps, sont placés : le premier, au 21e de ligne, et le second au 9e de même arme.

Par décision ministérielle du 12 juin, M. *Barthélemy*, capitaine, est nommé adjudant-major au corps.

Par décret du 15 juin, M. *Lacroix*, sous-lieutenant à la suite, est nommé à un emploi de sous-lieutenant au corps.

M. *Clairet*, lieutenant à la suite du 6e de ligne, est pourvu d'un emploi au corps par décret du 28 juin.

MM. *Menjoulton*, lieutenant au corps, *Reboux*, lieutenant au 23e de ligne, et *Toucas*, lieutenant au 87e de ligne, sont nommés capitaines au corps par décret du 13 juillet.

M. *D'Arblade*, sous-lieutenant au 111e d'infanterie, est nommé lieutenant au corps le 3 août.

Par décret du 28 août, les sous-lieutenants à la suite dont les noms suivent sont pourvus d'emplois dans les corps désignés ci-après :

MM. *Revol* est placé au 17e de ligne, *Sauclières* au 98e, *Gouyou* au 58e, *Huguet* au 11e, *Projean* au 11e, *Torteil* au 13e, *Garlenq* au 13e.

Un décret du 18 octobre nomme au grade de sous-lieutenant les officiers-élèves de l'École spéciale militaire dont les noms suivent :

MM. *Chapuis*, détaché du 12e de ligne, et *De Roux*, détaché du 77e de même arme.

Par le même décret :

M. *Hugot d'Herville*, sous-lieutenant à la suite du corps, est nommé à un emploi de son grade au 11e de ligne.

Un décret du 20 novembre nomme au grade de chevalier de la Légion d'honneur :

M. *Pauron*, capitaine ;

Et confère la médaille militaire aux dénommés ci-après : *Richard*, sergent, et *Arard*, soldat.

Le 22 décembre, M. *Desprez*, médecin aide-major de 1re classe au corps, passe aux hôpitaux de la division de Constantine.

Par décret du 31 décembre, M. *Charropin*, médecin aide-major de 2e classe aux hôpitaux de la division de Constantine, est nommé médecin aide-major de 1re classe et placé au corps.

1873.

Le 20 janvier 1873, M. *Moussu*, médecin-major de 2e classe au corps, passe aux hôpitaux de la division d'Alger.

M. *Berger*, médecin aide-major de 1re classe à l'hôpital de Lille, est nommé médecin-major de 2e classe au corps.

Par décret du 13 février, les officiers dont les noms suivent ont été nommés capitaines au corps :

MM. *Caraillié*, capitaine en non-activité ; *Lanes*, lieutenant au 91e de ligne ; *Lévêque*, lieutenant au 123e de ligne ; *Charlet*, lieutenant au 90e de ligne ; *Daniel*, lieutenant au 113e de ligne.

Par décret du 3 mars, M. *Bloch*, capitaine au 50e de ligne, a été nommé au grade de chef de bataillon au corps.

Le même décret nomme à l'emploi de lieutenant :

MM. *Hallo*, sous-lieutenant au corps ; *Malaspina*, sous-lieutenant au corps, nommé au 122e de ligne ; *Roussel*, sous-lieutenant au corps, nommé au 96e de ligne ; *Boïeldieu*, sous-lieutenant au corps, nommé au 24e bataillon de Chasseurs à pied ; *d'Hespel d'Harponville*, sous-lieutenant au corps, nommé au 7e bataillon de Chasseurs à pied.

Le 10 mars, le régiment reçoit, pour la première fois, 50 engagés conditionnels d'un an du Var et des Basses-Alpes.

Par un décret du 10 mars, les officiers dont les noms suivent ont été nommés à des emplois de sous-lieutenant :

MM. *De Roux, Chapuis, Lafon*, sous-lieutenants à la suite du corps; *Dagogniet*, sergent-major au 18e de ligne; *Coupard*, sergent-major au 73e de ligne.

Par le même décret :

L'Huissier, sergent-major au corps, est nommé à l'emploi de sous-lieutenant au 74e de ligne.

Un décret du 13 mai nomme à l'emploi de capitaine :

MM. *Gombault*, lieutenant au corps; *Laurendeau*, lieutenant au 11e de ligne; *Tridon* et *Delanoüe*, lieutenants au corps.

Par décret du 22 mai sont nommés à l'emploi de lieutenant :

MM. *Lefrançois*, sous-lieutenant adjoint au trésorier au 50e de ligne; *Lacroix, Rialland, Banès*, sous-lieutenants au corps.

Par décret du 22 mai, M. *Sabouré*, capitaine, est nommé chevalier de la Légion d'honneur ;

Et la médaille militaire est décernée aux nommés :

Vialle, chef armurier; *Berlaud*, sergent.

Une décision ministérielle du 26 mai nomme à l'emploi de porte-drapeau M. *Combes*, sous-lieutenant au corps.

Par décret du 27 mai, sont nommés à l'emploi de sous-lieutenant :

Verger, sergent-major au 18e de ligne; *Peretti*, sergent-major au 52e de ligne; *Faréraux*, sergent-major au 63e de ligne; *Voirpy*, sergent-major au 13e de ligne.

MM. *Moreau* et *Pollin*, lieutenants, sont promus au grade de capitaine.

Un décret du Président de la République, en date du 28 septembre, porte création de 18 corps d'armée en France.

Chacun de ces corps d'armée comprend deux divisions, et chaque division deux brigades d'infanterie.

Le régiment est désigné, avec le 81e de ligne, pour faire partie du 16e corps d'armée (général de division baron *Aymard*, commandant en chef), de la 31ᵉ division d'infanterie (général *Brincourt*), et de la 62ᵉ brigade (ultérieurement, général *Dulyon de Rochefort*).

Un décret du 20 septembre porte création de 18 régiments d'infanterie nouveaux, pour compléter le chiffre de régiments nécessaires aux brigades d'infanterie de chaque corps d'armée.

Le 30 septembre, paraît une instruction pour l'organisation de ces 18 régiments d'infanterie de ligne.

Les 126 régiments d'infanterie alors existants sont divisés en groupes de 7, correspondant aux 18 corps d'armée.

Dans chacun de ces groupes, un huitième régiment sera formé au moyen d'éléments pris dans les sept premiers, et cela sans création de compagnies nouvelles, de façon à obtenir, au lieu de sept régiments de quatre bataillons à six compagnies, huit régiments comprenant chacun trois bataillons à six compagnies, plus trois compagnies de Dépôt. Par suite, tous les quatrièmes bataillons sont supprimés.

Par décret du 30 septembre :

M. *Lefrançois*, lieutenant au corps, est nommé à un emploi de son grade au 50ᵉ régiment d'infanterie;

M. *Truchy*, lieutenant-colonel au corps, est nommé au commandement du 110ᵉ régiment d'infanterie, de nouvelle formation.

Sont nommés à l'emploi de capitaine-trésorier dans les nouveaux régiments :

Au 110ᵉ de ligne, M. *Gombault*, capitaine au corps;

Au 112ᵉ de ligne, M. *Charlet*, capitaine au corps.

Le 4 octobre, conformément à la circulaire ministérielle du 30 septembre, il est procédé au tirage au sort des compagnies qui doivent quitter le régiment.

Les trois compagnies désignées par le sort sont :

1° La 2ᵉ compagnie du 1ᵉʳ bataillon (capitaine *Lanes*);

2° La 6ᵉ compagnie du 1ᵉʳ bataillon (capitaine *Simon*);

3° La 6ᵉ compagnie du 2ᵉ bataillon (lieutenant *d'Arblade*).

Une décision ministérielle du 11 octobre prescrit le passage dans une compagnie du corps de M. *Moreau*, sous-lieutenant adjoint au trésorier, par permutation avec le sous-lieutenant *Voirpy*.

Par décret du 11 octobre, M. le capitaine *Abadie* est nommé chevalier de la Légion d'honneur.

Par le même décret, la médaille militaire est décernée aux nommés *Doche*, *Chambrion*, *Jourdan* et *Bon*, soldats.

M. *Chapot*, lieutenant-colonel à la suite du 38ᵉ régiment d'infanterie, est nommé, par décret du 12 octobre, à un emploi de son grade au régiment, tout en restant à la suite du corps.

Par décision ministérielle de la même date, M. *Berger*, médecin-major de 2ᵉ classe, passe au 141ᵉ de ligne, de nouvelle formation.

Le régiment reçoit l'ordre de quitter Avignon le 14 octobre pour aller tenir garnison :

L'État-major, les 1ᵉʳ et 2ᵉ bataillons, à Toulon.

Le 3ᵉ bataillon et le Dépôt, à Mende.

M. *Marchal*, élève de l'École spéciale militaire, est nommé sous-lieutenant au corps par décret du 16 octobre.

Le 1ᵉʳ bataillon, commandé par M. le chef de bataillon *Desmouliès*, part le 17 octobre pour Toulon, où il arrive le 23 du même mois.

Le 2ᵉ bataillon et l'État-major, commandés par M. le colonel *Mimerel*, partent le 18 octobre pour la même destination, où ils arrivent le 24.

Le 3ᵉ bataillon et le Dépôt partent le même jour, sous le commandement de M. le major *Porte*, et arrivent le 25 octobre à leur destination.

Le 20 octobre, la compagnie hors-rang, sous le commandement de M. le capitaine-trésorier *Grincourt*, est dirigée sur Mende par les voies ferrées, et arrive à destination le 22 du même mois.

Le régiment reçoit, le 1ᵉʳ novembre, 85 engagés conditionnels des départements des Bouches-du-Rhône, de Vaucluse et des Alpes-Maritimes.

M. *Marchal*, sous-lieutenant au corps, est nommé, le 25 novembre, sous-lieutenant-élève à l'École d'Application d'État-major.

M. *Hallo*, lieutenant au corps, détaché à l'École d'Application d'État-major, est nommé lieutenant dans le corps d'État-major le 31 décembre.

1874.

M. le lieutenant-colonel *Chapot*, à la suite du corps, est nommé titulaire au 132ᵉ de ligne le 16 janvier; mais il reste détaché au régiment.

Par décret du 6 février, sont nommés pour occuper un emploi de capitaine au corps :

MM. *Barthélemy*, capitaine à la suite, et *Plée*, lieutenant au corps.

Par décret du 21 février, MM. les sous-lieutenants *Delagarde*, *Milhe-Potingon*, *Jurenel* et *Daumas* étaient nommés lieutenants.

Par le même décret,

MM. *Belfort*, sous-lieutenant au corps, est nommé lieutenant au 99e de ligne; *Combes*, sous-lieutenant porte-drapeau au corps, est nommé lieutenant au 58e de ligne; *Sépult*, sous-lieutenant au corps, est nommé lieutenant au 53e de ligne; *Denizot*, sous-lieutenant au corps, est nommé lieutenant au 30e de ligne; *Marasse*, sous-lieutenant au corps, est nommé lieutenant au 40e de ligne; *Mariolle*, sous-lieutenant au corps, est nommé lieutenant au 1er régiment de Tirailleurs algériens.

M. *Peretti* est nommé porte-drapeau le 28 février en remplacement de M. *Combes*, promu lieutenant.

M. *Caye*, sous-lieutenant au 8e de ligne, détaché au Recrutement de Seine-et-Marne, est nommé à un emploi de sous-lieutenant au corps.

Un arrêté du Ministre de l'Intérieur, en date du 9 mars, confère une médaille d'honneur en argent de 2e classe au soldat *Cartier*, pour sauvetage d'un homme tombé au fond d'un précipice à Porquerolles (Var), le 26 janvier 1871.

Par décret du 11 mars, sont nommés à l'emploi de sous-lieutenant :

MM. *Marchal*, sous-lieutenant à la suite du corps; *Millot*, sous-lieutenant d'infanterie en non-activité; *Machet*, sergent-major au 15e de ligne; *Phlipart*, sergent-major au 20e de ligne; *Luciani*, sergent-major au 70e de ligne; *Laune*, sergent-major au 3e régiment de Zouaves.

Par le même décret,

Léchelle, sergent-major au corps, est nommé sous-lieutenant au 13e de ligne.

Le colonel *Mimerel* reçoit, le 15 mars, la notification de sa pension de retraite, et remet le commandement des bataillons actifs à M. le commandant *Desmouliès*.

Par décret du 11 mars, est nommé au grade de colonel au corps :

M. *Gratreaud*, lieutenant-colonel commandant le 129e régiment d'infanterie.

Par décision ministérielle du même jour, M. *Gratreaud* conserve le commandement du 129e de ligne.

M. le lieutenant-colonel *Chapot*, désigné par M. le général commandant la 31ᵉ division pour prendre le commandement du régiment, rejoint les bataillons actifs à Toulon.

Par décret du 11 avril,

M. *Baüer*, capitaine au 17ᵉ de ligne, détaché au Dépôt de Recrutement de la Gironde, est placé titulairement au corps.

Par décret du 21 avril,

M. *Krel*, capitaine, est nommé chevalier de la Légion d'honneur, et la médaille militaire est conférée au nommé *Banc*, soldat.

M. *Beyerlé*, sous-lieutenant au corps, est nommé lieutenant au 55ᵉ de ligne par décret du 11 mai.

M. *Cuq*, nouvellement promu au grade de médecin-major de 2ᵉ classe, est placé au régiment par décision ministérielle du 21 juin.

MM. les lieutenants *De Pouzols de Saint-Maurice* et *Gouzou* sont nommés capitaines, le premier au 15ᵉ de ligne, et le second au 87ᵉ de ligne.

M. *Py*, sous-lieutenant au 10ᵉ de ligne, est nommé lieutenant au corps par décret du 2 juillet.

Le sergent-major *De Beauquesne*, du corps, est nommé sous-lieutenant au 18ᵉ de ligne.

Par décret du 5 juillet,

M. *Grincourt*, capitaine-trésorier au corps, est nommé au commandement du Pénitencier militaire de Douéra (Algérie).

Par décision ministérielle du 26 juillet,

M. *Moreau*, capitaine, est nommé chevalier de la Légion d'honneur.

La médaille militaire est conférée au sergent de 1ʳᵉ classe *Bal* par le même décret.

Par décision ministérielle du 5 septembre, M. *Fichou*, capitaine au 86ᵉ de ligne, est nommé à l'emploi de capitaine-trésorier au corps.

MM. *Frémont* et *Berry*, élèves de l'École spéciale militaire, sont nommés sous-lieutenants au corps par décret du 1ᵉʳ octobre.

M. *Voisin*, lieutenant au corps, est nommé capitaine au 15ᵉ de ligne par décret du 2 novembre.

M. *Cognon*, sous-lieutenant au corps, est nommé lieutenant

par décret du 7 novembre; il reste détaché à l'Atelier de Travaux publics nᵒ 3 à Mers-el-Kebir.

L'adjudant sous-officier *Sarrola*, du corps, est nommé sous-lieutenant au régiment par décret du 15 novembre.

M. *Cuq*, médecin-major de 2ᵉ classe, passe au 20ᵉ régiment de Chasseurs à cheval par décision ministérielle du 26 décembre.

M. *Chapot*, lieutenant-colonel au 132ᵉ de ligne, détaché au 12ᵉ de même arme, est maintenu à titre définitif à ce dernier régiment par décision ministérielle du 26 décembre.

Par décret présidentiel du 29 décembre, M. *Trumelet*, lieutenant-colonel d'infanterie hors cadres, commandant la subdivision d'Aumale (Algérie), est nommé colonel au 12ᵉ de ligne.

1875.

Par décision ministérielle du 11 janvier, M. *Plée*, capitaine au corps, est mis à la disposition du gouverneur général de l'Algérie pour être employé dans le service des Affaires indigènes.

M. le capitaine *Pollin* est nommé au grade de chevalier de la Légion d'honneur par décret du 3 février.

M. le capitaine *Sabouré* est admis à la pension de retraite le 15 mars.

Par décision ministérielle du 8 avril, M. *Barthélemy*, capitaine, est nommé à un emploi de capitaine adjudant-major vacant au corps par suite d'organisation.

M. *Bauer*, capitaine au corps, détaché au Dépôt de Recrutement de la Gironde, est mis hors cadres par décision ministérielle du 6 avril.

M. le capitaine *Abadie* est admis à la pension de retraite à la même date.

Le 21 avril, le régiment reçoit l'ordre de se rendre à Lodève, sa garnison définitive.

Il part en deux colonnes par les voies ordinaires.

La première colonne, sous les ordres de M. le commandant *Desmouliès*, et composée du 1ᵉʳ bataillon et des 1ᵉʳ et 2ᵉ compagnies du 2ᵉ bataillon, quitte Toulon le 3 mai, et arrive à Lodève le 15 du même mois.

La seconde colonne, comprenant l'État-major, les 3ᵉ et 4ᵉ compagnies du 2ᵉ bataillon et le 3ᵉ bataillon, sous le commandement de M. le colonel *Trumelet*, quitte Toulon le 4 mai, et arrive à Lodève, sa destination, le 17 du même mois.

Par un décret en date du 1ᵉʳ mai, M. *Darmezin*, lieutenant au corps, est nommé capitaine d'habillement au 126ᵉ de ligne.

Par le même décret, sont nommés titulaires de l'emploi de capitaine :

MM. *Rebour*, capitaine à la suite du corps ; *Gand*, capitaine au 1ᵉʳ de Zouaves ; *Cararoz*, lieutenant au 1ᵉʳ de Zouaves, qui permute avec M. *Plée*, capitaine à la suite du corps.

Par décret du 12 mai, sont pourvus d'un emploi de lieutenant :

MM. *Pinot*, lieutenant à la suite du corps ; *Le Guillou*, lieutenant au 1ᵉʳ de Tirailleurs algériens, qui permute avec M. *Franceschi*, lieutenant à la suite du corps.

Par décret du 20, l'adjudant sous-officier *Desroches*, du corps, est nommé sous-lieutenant au régiment.

L'adjudant sous-officier *Degland* est nommé sous-lieutenant au 113ᵉ de ligne.

MM. le lieutenant-colonel *Chapot* et le capitaine *Alluin* sont admis à la pension de retraite, par décision du 8 juin, pour ancienneté de services.

Par décret du 15 juin, M. *Buisson*, médecin aide-major de 2ᵉ classe, a été nommé à un emploi de son grade au régiment en remplacement de M. *Charropin*, passé au 61ᵉ d'infanterie.

Le 18 juin, M. le général *Ména* prend le commandement de la 62ᵉ brigade en remplacement de M. le général *Japy*, appelé au commandement d'une autre brigade.

M. le capitaine *Krel* est admis à la pension de retraite par décision ministérielle du 22 juin.

Par décision ministérielle du 9 juillet, M. *Buisson*, médecin aide-major de 2ᵉ classe, passe au 23ᵉ bataillon de Chasseurs à pied par permutation avec M. *Millet*, médecin aide-major de 1ʳᵉ classe audit corps.

Par décret du 15 juillet, MM. les lieutenants *Carène*, *Décurey* et *Imbert* sont nommés capitaines au corps.

Par le même décret, sont pourvus d'emplois de lieutenant et de sous-lieutenant dans le corps :

MM. *Le Guillou*, lieutenant à la suite du corps ; *Billard-Ducluzeau*, lieutenant d'infanterie en non-activité ; *Bernhard*, sous-lieutenant au corps. MM. *Laune* et *Desroches*, sous-lieutenants à la suite du corps, y sont pourvus d'un emploi de sous-lieutenant.

Par décret du 3 août, M. *Camguilhem*, chef de bataillon au 108ᵉ de ligne, est nommé lieutenant-colonel au corps.

Par décret du 11 août, M. *Imbert*, capitaine à la suite, est pourvu d'un emploi de capitaine au corps, et M. *Sebire*, lieutenant au 4ᵉ de Zouaves, est nommé capitaine au corps.

Un décret du 25 août nomme sous-lieutenants de réserve au corps :

MM. *de Gualy*, *Grandsagnes-d'Hauterives* et *Tardieu*.

Par décision ministérielle du 18 août, M. *Mazellier*, médecin-major de 2ᵉ classe, remplace au corps M. *Grach-Laprade*, passé au 32ᵉ de ligne.

Par décret du 28 octobre, M. *Maury*, capitaine adjudant-major, est nommé chef de bataillon au 92ᵉ de ligne.

Une décision ministérielle du 14 octobre nomme M. *Gand*, capitaine, à l'emploi d'adjudant-major au corps.

M. *de Castelbajac*, élève de l'École spéciale militaire de Saint-Cyr, est nommé sous-lieutenant au corps par décret du 1ᵉʳ octobre.

Par décret présidentiel du 24 novembre, M. *Poirson*, lieutenant au 15ᵉ régiment d'infanterie, a été nommé capitaine au corps, en remplacement de M. le capitaine *Gand*, nommé à l'emploi d'adjudant-major.

Par décret du 25 novembre, M. *Carrière*, sous-lieutenant au 40ᵉ d'infanterie, est nommé lieutenant au corps.

Par décret présidentiel du 7 décembre, le soldat de 1re classe *Legr* est décoré de la médaille militaire.

Par décret du 31 décembre, M. le sous-lieutenant *Marchal*, détaché à l'École d'Application d'État-major, est nommé lieutenant dans le corps d'État-major.

1876.

La démission de M. le sous-lieutenant *Verger* est acceptée par décret du 11 janvier 1876.

Par décret présidentiel du 11 janvier, M. le capitaine *Delanoüe* est nommé chevalier de l'ordre de la Légion d'honneur.

Par décret du même jour, le nommé *Bernard*, soldat de 1re classe, est décoré de la médaille militaire.

Le 6 février, MM. les sous-lieutenants *Faréraux* et *Laune* sont cités, avec les n°s 1 et 7, au *Journal militaire officiel*, à la suite du classement des officiers qui ont suivi le cours de l'École régionale de Tir de La Valbonne.

Par décret présidentiel du 22 février, M. le sous-lieutenant *de Roux* est nommé lieutenant au 81e d'infanterie.

Par décret présidentiel du 29 février, les nominations suivantes ont lieu dans le corps :

M. *de Castelbajac*, sous-lieutenant à la suite, est mis en possession d'un emploi de son grade.

M. *Perrot*, sergent-major au 27e bataillon de Chasseurs à pied, est nommé sous-lieutenant au corps.

M. *Schwarts*, sergent-major au 81e d'infanterie, est nommé sous-lieutenant au corps.

Par décret présidentiel du 15 avril, M. *Guionic*, capitaine en activité hors cadres, commandant le bureau de Recrutement de Vannes, a été nommé chef de bataillon au corps.

Par décret présidentiel des 18 et 25 avril, les nominations suivantes ont été faites au corps : 1° au grade de capitaine de réserve : MM Plan et Favre; 2° au grade de sous-lieutenant de réserve : MM. *Monguillem*, *Vezon*, *Galtier*, *Barthes*, *Roffet*, *Luguis*.

Par décret présidentiel du 8 mai, M. *Sicard*, lieutenant, a été nommé capitaine au 92e d'infanterie.

M. *André*, lieutenant, a été nommé capitaine d'habillement au 41ᵉ d'infanterie.

Par décret du 16 mai, le Président de la République a nommé lieutenants au régiment :

MM. *André*, sous-lieutenant au 15ᵉ d'infanterie; *Chapuis*, sous-lieutenant au corps.

Par décret présidentiel du 18 mai, l'adjudant sous-officier *Dordet* a été nommé sous-lieutenant au 11ᵉ d'infanterie.

Par décret présidentiel du 18 juillet, M. *Teisserenc*, sous-lieutenant de réserve au 122ᵉ de ligne, passe avec son grade au 12ᵉ de même arme.

Le 10 août, à sept heures du soir, un violent incendie éclate dans la ville de Lodève.

Une usine, située au faubourg de la Gare, et renfermant un amas considérable de matières combustibles, devient la proie des flammes, lesquelles, s'élançant en gerbes lumineuses dans les airs, éclairent la ville de lueurs sinistres.

Tout le faubourg est menacé.

En un clin d'œil, le régiment, fidèle à ses traditions de dévouement, est sur pied, et les 1ᵉʳ et 3ᵉ bataillons sont les premiers sur le lieu de l'incendie. En attendant l'arrivée des pompes, ils organisent les chaînes, et viennent en aide à la population affolée du faubourg.

En présence de l'intensité croissante du feu, le Colonel fait donner l'ordre au 2ᵉ bataillon, caserné à Montplaisir (à 2 kilomètres environ du lieu du sinistre), de venir renforcer les 1ᵉʳ et 3ᵉ bataillons, déjà en action.

Le 2ᵉ bataillon accourt au pas gymnastique, et vient

se joindre aux deux autres avec une remarquable rapidité.

Grâce aux efforts de tous, le feu est heureusement circonscrit dans les limites de l'établissement où il a pris son foyer.

Pendant deux jours, des détachements du corps sont fournis pour noyer les matières embrasées qui couvent sous les débris de l'établissement incendié.

Cette fois, comme toujours, officiers, sous-officiers et soldats du 12ᵉ payent largement de leur personne, et témoignent une fois de plus de leur généreux dévouement.

Le Colonel, dans un ordre élogieux, en félicite le régiment. Il se plaît à reconnaître et à répéter que tous ont fait leur devoir, et récompense, par une citation à l'ordre du régiment, ceux qui ont été assez heureux pour trouver l'occasion de se signaler dans cette circonstance.

Ce sont :

MM. *Chapuis*, lieutenant; *Schwartz*, sous-lieutenant; l'adjudant-sous-officier *Rossi*; les sergents-majors *Blanc* et *Bérenger*; les sergents *Astouin*, *Micoud*, *Guelfucci*, *Combès*, *Charlier*, *Mérendol*, *Wilhem*, *Theule*; le sergent-fourrier *Mestral*; le caporal-conducteur *François*; les caporaux *Juéry*, *Ferri*, *Vesperini*, *Gardet*, *Aussaye*, *Larguier*, *Lucchesi*; les soldats de 1ʳᵉ classe *Navarre*, *Ducruet*, *Raynal*, *Avon*, *Albagnac*, *Roux*, *Tarbouriech*, *Vidal*; les soldats de 2ᵉ classe *Dufang*, *Cler*, *Courrèges*, *Estenave*, *Chesnel*, *Plomb*, *Milton*, *Vautron*.

Par décret présidentiel du 3 août, les sous-lieutenants *Caye*, surnuméraire au corps, employé dans le service du Recrutement, et *Zeiter*, sont nommés lieutenants, le premier au 11° d'infanterie, et le second au 61° de même arme.

L'adjudant-sous-officier *Daubenfeld* est nommé sous-lieutenant au corps par le même décret.

Le 28 août, M. le colonel *Trumelet* est désigné pour diriger, en l'absence du général *Ména*, la reconnaissance que doit exécuter la 62° brigade, aux environs de Carcassonne, en vue des grandes manœuvres d'automne.

Par décret présidentiel du 23 septembre, les élèves de l'École spéciale militaire *de Senneville* et *de Lansade de Jonquières* sont nommés sous-lieutenants au régiment.

M. *de Senneville* est placé à la suite du corps.

Par ordre du commandant du 16° corps d'armée, les 1° et 3° compagnies du 4° bataillon du 12° d'infanterie, détachées à Cette, quittent cette place le 11 octobre pour aller tenir garnison à Aniane, où elles arrivent le 12 du même mois.

Marches et opérations du 12° régiment d'infanterie pendant les grandes manœuvres, du 13 octobre au 2 novembre.

Le régiment était appelé à prendre part aux grandes manœuvres du 16° corps d'armée (général baron *Aymard*), lesquelles devaient avoir lieu aux environs de Carcassonne.

Pendant cette période d'instruction, les éléments déchaînés allaient fournir au 12° d'infanterie une occasion nouvelle de montrer son énergie et la solidité de son moral, ainsi que nous le verrons plus loin.

Par son tableau des marches de concentration sur le terrain des manœuvres, le général commandant la 31ᵉ division (général *Brincourt*) prescrivait, à la date du 7 octobre, les mouvements suivants :

L'État-major et les trois bataillons actifs du corps devaient quitter Lodève, lieu de leur garnison, le 13 octobre, et se diriger sur Aragon par les gîtes suivants :

Le 13 octobre, à Bédarieux; le 14, à Olargues; le 15, à Saint-Pons; le 16, séjour; le 17, à Cassagnolles; le 18, à Villegly, Villerzel, et Bagnoles (où les réservistes devaient rallier les bataillons actifs); le 19, à Aragon, où le régiment devait être cantonné pendant la durée des manœuvres.

Les réservistes et leurs cadres de conduite devaient quitter Mende le 13 octobre pour arriver au Bleymard le même jour, le 14 à Villefort, où ils prendraient un train spécial qui les conduirait à Béziers. Là ils reprendraient la voie de terre, et se dirigeraient sur Aragon en passant, le 16, à Capestang, le 17, à Olonzac, le 18, à Villegly, Villerzel et Bagnoles, points de ralliement des bataillons actifs.

Conformément à ces instructions, les bataillons actifs quittent Lodève le 13 octobre pour se rendre à Bédarieux (29 kilomètres).

Suivant les ordres donnés préalablement par le Colonel, la marche s'exécute, à partir de ce jour et pendant tout le trajet, en appliquant les principes des services de marche et de sûreté comme à proximité ou en présence de l'ennemi.

La colonne se met en route par une pluie battante, qui tombe par ondées, et qui ne cesse qu'à l'arrivée au gîte.

La population de Bédarieux fait un accueil chaleureux au régiment. Les Bédarrois sollicitent *la faveur* de loger des militaires du corps. Officiers et soldats sont hébergés et traités avec largesse par leurs hôtes.

Le 14 octobre, le régiment quitte Bédarieux pour se rendre à Olargues (26 kilomètres).

Comme le jour précédent, la marche s'effectue sous une pluie battante.

A Olargues, la population, qui est d'un millier d'habitants, fait un accueil parfait au régiment. Tous, riches et pauvres, s'empressent de mettre à la disposition de nos soldats leurs vêtements, leur table et des moyens de couchage en rapport avec leurs ressources.

Une compagnie, détachée dans les hameaux de Julio et de Cesso, y est également traitée avec cordialité.

Le 15 octobre, la colonne quitte Olargues pour se rendre à Saint-Pons (19 kilomètres), chef-lieu d'arrondissement de l'Hérault, et petite ville de 5,000 habitants.

La pluie tombe toujours.

Le 16 octobre, le régiment fait séjour à Saint-Pons. Les hommes profitent de ce repos pour remettre en état leurs effets de toute nature fortement compromis par le mauvais temps des jours précédents.

Par ordre du Colonel, la tente-abri est organisée,

au moyen d'agraffes, en un manteau à capuchon destiné à protéger la tête, le dos et les reins de l'homme, ainsi que son havre-sac, contre les pluies diluviennes qui assaillent la colonne depuis son départ de Lodève. Ce mode d'emploi de la tente-abri devait rendre d'excellents services pendant les journées qui suivirent, notamment par les pluies torrentielles du 18 octobre.

Le Colonel passe la revue du régiment pour s'assurer de la bonne tenue et de l'exécution de ses ordres relativement à l'arrangement de la tente-abri.

Le 17 octobre, le régiment quitte Saint-Pons pour se rendre à Ferrals (21 kilomètres).

La pluie l'accompagne toujours.

Au sortir de Saint-Pons, la route s'élève, jusqu'au col de Servières, à l'altitude de 780 mètres, et pénètre ensuite dans un groupe de montagnes abruptes, au milieu desquelles elle rampe en formant de nombreux lacets et de capricieuses sinuosités.

La pluie recommence à tomber.

La colonne atteint le village de Ferrals.

L'État-major et le 3ᵉ bataillon s'y établissent en cantonnement.

Les 1ᵉʳ et 2ᵉ bataillons poussent, par une pluie battante, jusqu'à Cassagnolles, à 3 kilomètres en avant et sur la droite de la route. Ils s'y cantonnent avec beaucoup de difficultés, à cause de l'exiguité des ressources en logement que présente ce petit village et le hameau de Lacaune, qui en dépend.

Le convoi, obligé de doubler ses attelages pour

monter au col de Servières, n'arrive à Cassagnolles qu'à six heures du soir.

Malgré leur peu de ressources, les habitants de Ferrals et de Cassagnolles, villages pauvres, traitent nos soldats du mieux qu'ils le peuvent. Ils font de grands feux pour sécher leurs vêtements. Une soupe réconfortante leur est servie dans presque toutes les maisons, et de la paille fraîche leur permet de réparer, par le sommeil, les fatigues de la journée.

JOURNÉE DE FÉLINES-HAUTPOUL.

18 octobre.

Le 18, le régiment quittait, à six heures du matin, Ferrals et Cassagnolles, et se dirigeait sur Villegly, suivant ainsi l'itinéraire qui lui avait été tracé. Mais les éléments déchaînés devaient, pendant cette journée, le soumettre à de rudes épreuves, et limiter son étape à la petite ville des Caunes (20 kilomètres de Ferrals).

Le départ s'effectue par un pluie diluvienne et un orage formidable qui duraient depuis la veille sans interruption.

Néanmoins, le régiment s'engage résolûment dans l'étroite vallée que suit la route de Ferrals à Saint-Julien-des-Molières.

La pluie tombe avec une telle abondance, que les plus minces ruisseaux sont changés en torrents. Toutes les rides des hauteurs sont transformées en cascades; la route elle-même roule des eaux comme une rivière.

Les hommes font littéralement leur étape les pieds dans l'eau jusqu'au-dessus de la cheville.

Le ruisseau qui longe, sur la gauche, la route suivie, court impétueux dans son lit, entraînant des quartiers de rochers.

Au fur et à mesure que la colonne avance, la pluie semble redoubler; le tonnerre gronde sur notre tête et autour de nous; le ciel est en feu; la foudre tombe à quelques pas en avant du bataillon d'avant-garde.

À son arrivée sur le plateau où est assis le village de Saint-Julien-des-Molières, lequel est voilé par l'épaisseur de la brume, la tourmente arrive à son paroxysme d'intensité : la pluie, poussée par le vent, cingle les visages; le vent hurle dans les vallées; les éléments en fureur semblent vouloir faire obstacle à la marche de la colonne; les chevaux et les attelages refusent d'avancer.

Les arbres, déchaussés et déracinés par l'impétuosité des eaux, roulent dans les torrents, qui, à ce moment, débordent de toutes parts et sont larges comme des fleuves; mais rien n'arrête la colonne; sa marche en est à peine ralentie. Les hommes donnent, dans cette circonstance, la mesure de leur entrain, de leur énergie et de la valeur de leur moral. Ils semblent vouloir braver la tempête en continuant leurs chants, et narguer ainsi la rage des éléments : pas une plainte, pas un murmure dans les rangs; chacun d'ailleurs est à sa place, et tous donnent l'exemple de l'ordre le plus parfait au milieu de cet effroyable désordre de la nature.

[1876]

Mais à mesure que la colonne avance, la pluie, qui ne cesse de tomber, enfle à vue d'œil les rivières et les ruisseaux. Déjà quelques-uns, dont l'arche des ponceaux s'est encombrée de blocs roulés et d'épaves de toute nature, ont envahi la chaussée, qu'ils ont ravinée et coupée. A 1500 mètres avant d'arriver à Félines-Hautpoul, un de ces ravins barre le passage à la tête de la colonne; les hommes le franchissent cependant en se tenant par la main et en formant ainsi une chaîne continue. Un autre ravin à 500 mètres en-deçà de ce village, considérablement grossi et roulant ses eaux et des blocs de rochers avec une impétuosité extraordinaire, arrête encore la colonne.

Grâce à la vigueur de leurs chevaux, les officiers montés du 1ᵉʳ bataillon traversent, mais non sans peine, ce nouvel obstacle; puis quelques hommes du même bataillon s'y engagent témérairement et parviennent à le franchir en courant de sérieux dangers; car la vallée, transformée en rivière, roule impétueusement au pied de la route, qui s'émiette et s'effondre, la masse de ses eaux bourbeuses, et les épaves qu'elle a arrachées à ses rives sur son parcours. Grâce à ces quelques hommes, le passage à la corde peut être organisé, et tout le bataillon franchit ainsi le torrent, homme par homme, mais non sans péripéties émouvantes.

Pendant ce temps, le maire de Félines-Hautpoul faisait prévenir le chef du bataillon de la tête de la colonne de hâter l'arrivée de sa troupe dans le village, attendu que le pont qui donne accès dans Félines ne pouvait, selon toutes probabilités, tarder à être enlevé par les eaux. A mesure qu'ils ont franchi le torrent, les clairons sont groupés près du pont pour sonner le pas gymnastique. Comprenant qu'un nouveau péril les menace, les hommes prennent leur course dans la direction indiquée, et pénètrent dans Félines.

Lorsque le 2ᵉ bataillon se présente, à son tour, au point où le premier a franchi le torrent, le passage est devenu impraticable. Il est obligé de remonter en amont du ravin. Là le maire et quelques habitants du village, informés de l'approche du régiment, s'empressent de venir aider à son passage au moyen d'une échelle et de planches dont ils font une passerelle. Mais ce moyen de traversée n'est pas sans danger, à cause de l'inclinaison qu'il a fallu lui donner par suite de la différence de niveau des berges du ravin.

Les hommes préfèrent le passage à la corde, bien que, pour l'effectuer, ils aient de l'eau jusqu'à la ceinture.

Le 3ᵉ bataillon, à son tour, franchit le torrent, qui grossit d'instant en instant, par le même moyen que le 2ᵉ.

Le Colonel quitte la place quand il est bien certain que personne n'est resté en arrière.

Le convoi est obligé d'attendre sur la rive droite du ravin que les eaux aient baissé. Le passage ne lui est possible qu'au bout de deux heures d'attente.

Le régiment en était quitte pour la perte de quelques effets qui avaient été entraînés par le courant.

Enfin, après une marche de 12 kilomètres des plus pénible, le régiment avait pu arriver à Félines-Hautpoul.

La pluie continuait de tomber, et le village de Félines était sérieusement menacé par la crue de l'Ognon, petit cours d'eau se divisant en deux branches en amont du village, et s'écoulant sous deux ponts : déjà les jardins de ses deux rives étaient enlevés; les arbres déracinés roulaient emportés par les eaux et formaient barrages, en se présentant en travers, aux arches des ponts; aussi les eaux de la rivière commençaient-elles à faire irruption sur la chaussée, et compromettaient-elles la solidité de ces deux ponts, qui, déjà, présentaient des fissures; le presbytère venait de s'écrouler, et quelques-unes des maisons voisines de la rivière étaient sérieusement menacées. Néanmoins, et sans trop se préoccuper des suites d'une catastrophe qui semblait imminente, la population de Félines ouvrait ses portes à nos soldats, et leur donnait l'hospitalité pendant la halte qui avait été ordonnée.

Les hommes peuvent sécher leurs vêtements, et, dans la plupart des maisons, on leur prépare soit une soupe, soit un verre de vin chaud qui les réconforte.

Le village était presque entièrement inondé.

Après une halte forcée de trois heures, la pluie, sans avoir cessé pourtant, tombait moins abondamment, et le régiment allait se remettre en marche sur Villegly, lorsqu'on vint prévenir le Colonel que les ponceaux entre Félines et Trausse s'étaient écroulés, et que des éboulements de terre et de blocs de rochers obstruaient complétement la route à suivre, laquelle, par suite, était devenue impraticable pour le convoi.

Le Colonel fait immédiatement réunir les sapeurs

de compagnies, qu'il a organisés en un peloton spécial, lesquels, suivis par les voitures d'outils à pionniers, sont dirigés, sous les ordres du capitaine adjudant-major *Déhon Dahlmann*, sur les points qui ont été signalés, afin de rétablir la communication.

Deux heures après, le capitaine *Déhon* faisait connaître au Colonel que le mal était réparé, et que la route était redevenue praticable. Il était alors deux heures environ.

Comme il ne fallait plus songer à atteindre le gîte de Villegly, distant de Félines de 16 kilomètres, le Colonel se décidait à envoyer un officier au maire des Caunes (petite ville située à 8 kilomètres de Félines) dans le but de lui demander son hospitalité pour la colonne. Convaincu qu'elle ne lui serait pas refusée, le Colonel mettait le régiment en route vers deux heures et demie, et il arrivait aux Caunes à quatre heures du soir par une pluie battante.

Comme le Colonel l'avait prévu, le maire des Caunes avait accueilli sa demande avec empressement, et c'était avec la plus louable cordialité que sa population avait accepté de donner asile à la colonne.

Tous, officiers et soldats, sont parfaitement traités par les Caunais, qui leur offrent du linge et des vêtements, ainsi que place à leur table, et des moyens de couchage en rapport avec les ressources dont ils disposent.

En résumé, tout était pour le mieux.

Le Colonel, qu'une expérience mûrie par vingt-quatre années d'Afrique, a fait un juste appréciateur de la

valeur du soldat dans les moments difficiles et dans les
situations périlleuses, adresse au régiment, à la date
du 20 octobre, l'ordre élogieux qu'on va lire, et cite
les officiers, sous-officiers et soldats qui se sont fait le
plus particulièrement remarquer dans la pénible et
dangereuse journée de Félines.

ORDRE DU RÉGIMENT.

« Aragon, le 20 octobre 1876.

« Le Colonel est heureux de pouvoir féliciter les bataillons
actifs sur le courage, le bon esprit et le dévouement qu'ils ont
montrés, pendant la mauvaise journée du 18 de ce mois, dans
la marche de Férals sur Félines-Hautpoul.

« Bien qu'assaillis, depuis le départ du gîte, par une pluie
torrentielle qui avait transformé la route en lac, et les ravins
et les ruisseaux en torrents; bien que flagellés par la bourras-
que qui leur cinglait le visage; malgré le désordre des éléments qui semblaient vouloir faire obstacle à leur marche, et
la tempête qui se déchaînait sur leurs têtes résolue à vaincre
leur courage, tous, au lieu de se laisser abattre par cette mauvaise fortune, paraissaient, au contraire, vouloir la braver, lui
prouver qu'ils étaient plus forts qu'elle, et solidement préparés
aux glorieuses misères du soldat. En effet, pas un cri, pas un
murmure, pas une plainte, pas une récrimination; leur bonne
humeur même ne se dément pas un instant, et leurs chants
accompagnent les roulements et les éclats de la foudre.

« Au fur et à mesure que la colonne avançait, la situation
se tendait davantage, et bientôt les torrents, ayant envahi la
route, l'avaient rendue impraticable. Un instant, la position
devint critique, et plusieurs hommes faillirent être entraînés
par les eaux bourbeuses du torrent roulant furieuses des blocs
de rochers. Mais, grâce au dévouement de quelques officiers,
sous-officiers et soldats, tout péril put être conjuré.

« Parmi ceux qui, dans cette circonstance difficile, se sont fait remarquer d'une manière toute particulière, le Colonel citera :

« MM. les lieutenants *Pestel* et *Daumas;* le sous-lieutenant *Dagogniet;* le sergent-major *Blanc;* les sergents *Rebuffat, Chaurand, Cousteau;* les caporaux *Viola, Gianneti, Fargues, de Perreti,* et les soldats *Blanc, Prignol, Gérard, Bertrand, Blanda, Plaindoux, Pallain.*

« *Le Colonel commandant le Régiment,*

« Signé : TRUMELET. »

Le 19 octobre, le régiment quitte les Caunes pour se rendre à Aragon, sa destination (21 kilomètres).

La grande halte se fait à Villegly.

M. le général de division *d'Ouvrier de Villegly* vient au-devant du régiment à son arrivée en vue de Villegly, et invite les officiers à déjeuner dans son château, où les attend l'accueil le plus cordial.

Les habitants de ce village, qui, sans doute, ont reçu des instructions du général, agissent de même à l'égard de la troupe.

C'était à Villegly que les réservistes venant de Mende auraient dû rallier le régiment; mais le mauvais temps et les inondations les avaient retenus à Olonzac.

Le 12e arrive à une heure de l'après-midi à Aragon, et s'y établit en cantonnement resserré, ainsi que dans les métairies ou fermes situées dans un rayon de 2 à 4 kilomètres du chef-lieu du cantonnement.

Le régiment a à sa droite le 27e bataillon de Chasseurs à pied, cantonné à Fraisse-Cabardès, et le 81e régiment d'infanterie, établi à Brousses.

Ces troupes constituent, avec le 12ᵉ, la 62ᵉ brigade (général *Ména)*, dont le quartier général est à la ferme de La Font-de-l'Orme.

La 31ᵉ division est complétée par le 17ᵉ et le 122ᵉ de ligne, qui sont cantonnés sur la gauche du 12ᵉ; le 17ᵉ à Villegailhenc, et le 122ᵉ à Ventenac.

Le quartier général de la 31ᵉ division (général *Brincourt)* est à Pennautier.

La 31ᵉ division fait face à l'ouest. La 32ᵉ division, qui doit lui être opposée, fait face à l'est; elle occupe la ligne des villages d'Alzonne, Montolieu et Moussou- lens. Les deux divisions sont séparées, particulièrement dans le nord, par une étendue moyenne de 10 à 15 kilomètres de *garigues* (landes, terres incultes).

Le grand quartier général du 16ᵉ corps (général en chef baron *Aymard*), est établi à Montolieu, village situé à 10 kilomètres environ d'Aragon.

La journée du 20 octobre est consacrée au repos et à l'établissement des différents services administratifs.

Le 21, le détachement des réservistes du corps, parti de Mende le 13, arrive à Aragon. D'après l'itinéraire tracé, il devait y être rendu le 19; mais il avait été retenu à Olonzac, par l'effet de l'inondation, pendant les journées des 17, 18 et 19 octobre.

Le dimanche 22 octobre, le Colonel passe la revue du régiment, fort de 1,740 hommes, dont 1,028 réser- vistes.

Le 23, ont lieu des manœuvres de compagnies et de bataillons pour initier les réservistes au nouveau règlement sur les Manœuvres de l'Infanterie, qui, généralement, leur est étranger.

Le 24, commencent les manœuvres de brigade, conformément aux instructions du général en chef, et elles continuent le 25 et le 26.

Le 27 octobre, on entre dans la période des manœuvres de divisions.

Ces manœuvres doivent s'exécuter d'après une idée générale connue à l'avance, et qui est la suivante :

« Le corps de l'Est, composé de plusieurs divisions, a débarqué dans les environs de Narbonne, s'est emparé de cette place, et a surpris Carcassonne; il poursuit sa marche sur Toulouse, détachant la 31ᵉ division pour s'emparer des établissements de Castres.

« Le corps de l'Ouest, également composé de plusieurs divisions, parti de Toulouse, marche à la rencontre du corps de l'Est, et détache la 32ᵉ division pour s'y opposer. »

L'idée spéciale mise à exécution dans la journée du 27, est la suivante :

« La 32ᵉ division est concentrée dans les environs de Raissac et de Saint-Martin-le-Vieil; ses troupes d'avant-garde se sont emparées des ponts de Moussoulens et de Montolieu, sur la Rougeanne.

« Ayant appris que la 31ᵉ division s'est engagée sur la route de Pennautier à Aragon, le général commandant la 32ᵉ division se décide à aller l'attaquer en la prenant de flanc.

« Averti par ses éclaireurs, le général commandant

[1876]

la 31ᵉ division fait front, prend une bonne position, et accepte le combat. »

Le 28 octobre, deuxième manœuvre de divisions. On continue l'exécution de l'idée de la veille. A trois heures, la manœuvre cesse, alors que l'ennemi, resserré sur son centre par un mouvement enveloppant du 12ᵉ de ligne, et menacé sur sa ligne de retraite, peut être considéré comme complétement repoussé.

Le dimanche, 29 octobre, le général *Brincourt* passe la revue de sa belle division sur le plateau de La Font-de-l'Orme.

L'infanterie, par brigades et par régiments accolés, est formée sur trois lignes, les bataillons en colonnes de compagnies et à vingt-quatre pas en arrière les uns des autres.

L'artillerie est entre les deux brigades d'infanterie.

La cavalerie est à la gauche de la 2ᵉ brigade.

Les voitures régimentaires forment une quatrième ligne.

Ces trois lignes de troupes qui se développent, sous un beau soleil d'automne, sur cette immense garigue, le contraste de ces masses aux armes étincelantes avec la nature sauvage du lieu, ce splendide ensemble présente un spectacle magnifiquement grandiose et des plus saisissants.

Une foule de curieux, accourus de Carcassonne et des villages environnants, assistent enthousiastes et émerveillés à cette solennité militaire.

Après être passé devant le 12ᵉ d'infanterie, le général de division félicitait le Colonel sur la tenue et l'attitude de son régiment.

Les troupes se disposent pour le défilé : l'infanterie se forme en colonnes de bataillons face à droite.

Grâce à l'étendue du terrain, chaque régiment présente, en défilant sur une même ligne, la tête de colonne de ses trois bataillons.

Le défilé s'exécute dans un ordre parfait.

Ces masses semblent fières de défiler devant un général dont les brillants services et les glorieuses blessures attestent la remarquable valeur militaire.

Le 30, les grandes manœuvres sont reprises.

L'ensemble du programme, pour cette journée, est le suivant :

« La 62ᵉ brigade, sous les ordres du général *Ména*, se concentrera aux environs de Ventenac. Cette brigade est destinée à attaquer le village de Moussoulens d'abord, et, en cas de succès, à aider à l'attaque du camp de Bouillonac. Elle se portera sur Moussoulens par trois colonnes : la première, par la route de Moussoulens; la seconde, par la route de Pezens à Bertrandou; la troisième colonne, débouchant de la grand'route de Toulouse par la Chapelle de la Madeleine, assurera la prise de la ligne des crêtes de Pezens à Moussoulens. »

Vers quatre heures, ces instructions sont en grande partie exécutées. La brigade *Ména* est maîtresse des hauteurs qui dominent Moussoulens, et peut mettre à la disposition du général commandant la 61ᵉ brigade un bataillon du 12ᵉ d'infanterie et le 27ᵉ bataillon de Chasseurs à pied.

Peu après arrivait l'ordre de cesser la manœuvre.

Le programme, pour la journée du 31 octobre, est le suivant :

« La brigade *Ména*, réduite à deux bataillons, occupera la ligne des crêtes entre la cote 174 et la cote 146, où se trouveront placées deux batteries d'artillerie.

« Le bataillon du 12ᵉ, qui a été placé hier à trois heures et demie à la bifurcation des routes de Pezens sur Alzonne et sur Moussoulens, restera en position de rassemblement près de la Chapelle de la Madeleine.

« Devant l'attaque de la 32ᵉ division, qui aura lieu vers midi, les troupes de la 31ᵉ se mettront en retraite dans la direction de Carcassonne, et dans l'ordre suivant :

« La brigade *Ména*, qui, avec le bataillon du 12ᵉ de ligne et le 27ᵉ de Chasseurs à pied, aura à défendre le terrain compris entre la Chapelle de la Madeleine et Pezens sous la protection de l'artillerie, tiendra le plus longtemps possible, avec les deux autres bataillons du 12ᵉ d'infanterie, la ligne des crêtes comprises entre les cotes 174 et 146.

« La batterie d'artillerie, d'abord placée près de la cote 124, se portera au trot à la droite de la position occupée par la brigade *Sanglé-Ferrière*, et prendra en flanc et à revers les troupes ennemies qui descendraient de Valeron sur Pezens à la suite de la brigade *Ména*.

« Les deux bataillons du 12ᵉ, sous les ordres du général *Ména*, se mettront en retraite sur Ventenac et Pennautier, sous la protection des feux de la brigade

Sanglé-Ferrière et de la réserve, et iront occuper, au-
dessus de Pennautier, la hauteur cotée 142, qui domine
la route de Pennautier à Villemoustaussou.

« Ces deux bataillons protégeront ainsi le passage
du Fresquel à Pennautier. »

A quatre heures, le signal de cesser la manœuvre
était donné. L'ennemi n'ayant pu dépasser la ferme
d'Ugnac, les deux bataillons du 12ᵉ n'eurent point à
protéger le passage du Fresquel à Pennautier.

A cinq heures et demie du soir, le régiment rentrait
dans ses cantonnements.

Cette journée du 31 clôt la série des manœuvres du
16ᵉ corps d'armée.

Par un ordre du régiment du 29 octobre, le Colonel informe
le corps que le Ministre de l'Intérieur a décerné, à la date du
18 juillet, une médaille d'honneur en argent de deuxième
classe au caporal-conducteur *François*, du 12ᵉ d'infanterie,
qui s'est signalé par son honorable et courageuse conduite en
sauvant plusieurs personnes dans un incendie, et en retirant
d'un puits un enfant de douze ans qui, sans ce secours, y eût
infailliblement péri.

**Marche des bataillons actifs partant d'Aragon, à la suite des grandes
manœuvres, pour rejoindre Lodève, leur garnison, du 2 au 9 novembre.**

Pour le retour des manœuvres, l'itinéraire à suivre
était tracé par les plaines de l'Aude et de l'Hérault; on
évitait ainsi, en cas de mauvais temps, les dangereux
inconvénients éprouvés par le régiment au passage des
Montagnes-Noires, ainsi évitées.

Le 2 novembre, le 12ᵉ quitte Aragon et arrive à

Carcassonne. Là il se sépare de ses engagés conditionnels, qui partent pour Lodève, par les voies rapides,
pour y être désarmés et renvoyés dans leurs foyers.

Les réservistes sont dirigés sur Villefort, par un
train spécial, dans la nuit du 2 au 3. Ils doivent être
rendus à Mende le 5 pour y être déshabillés, désarmés
et renvoyés dans leurs foyers.

Le 3, les bataillons actifs font séjour à Carcassonne.

Le 4, ils se rendent de Carcassonne à Lézignan-la-
Plaine (34 kilomètres), chef-lieu de canton de 3,969 habitants.

Le 5, le 12ᵉ arrive à Narbonne (20 kilomètres). Les
trois bataillons sont cantonnés en dehors de la ville,
aux magasins Longueville et dans des conditions plus
que médiocres.

Le 6, il fait étape à Béziers (28 kilomètres). Tout le
monde est logé chez l'habitant, bien que trois régiments se trouvent ensemble de passage dans cette
place.

Il en est de même à Pézenas (24 kilomètres), où le
régiment arrive le lendemain 7 novembre.

Le 8, le 12ᵉ se rend de Pézenas à Clermont-l'Hérault (21 kilomètres).

Les Clermontais font au régiment une réception des
plus cordialement sympathique : chaque homme est
hébergé et largement traité par son hôte. Les officiers
sont également très-bien accueillis. Un punch leur est
offert par les notables du pays.

C'est jour de fête pour Clermont-l'Hérault.

Le 9, le régiment rentrait à Lodève, sa garnison, après une absence de vingt-sept jours.

Le régiment est cité au *Journal militaire officiel*, à la date du 14 octobre, à la suite de la visite annuelle de l'armement des corps de troupes en 1876, pour les soins qu'il a apportés à l'entretien et à la conservation de son armement.

Le chef armurier *Vialle* est l'objet, comme les années précédentes, d'une citation au même *Journal militaire officiel* pour son habileté professionnelle, et pour ses soins entendus dans l'entretien des armes du régiment.

M. *Mazellier*, médecin-major de 2ᵉ classe, passe, au même titre, au 72ᵉ d'infanterie par décision ministérielle du 15 octobre.

M. *Linon*, venu du 27ᵉ bataillon de Chasseurs à pied le 15 octobre, ayant été nommé médecin-major de 2ᵉ classe par décret du 10 octobre.

Par décision ministérielle du 18 octobre, M. *Guionie*, chef de bataillon au corps, passe au 61ᵉ d'infanterie pour y occuper l'emploi de major en remplacement de M. *Mercier*, qui permute avec lui.

Par décision ministérielle du 1ᵉʳ décembre, une permutation est autorisée entre M. *Grandsaignes-d'Hauterive*, chef de bataillon au 3ᵉ régiment de Tirailleurs algériens, et M. *Mercier*, chef de bataillon au corps.

M. *Millet*, médecin aide-major de 1ʳᵉ classe, est promu médecin-major de 2ᵉ classe par décret du 23 décembre.

Au 31 décembre 1876, le régiment occupe les garnisons suivantes :

Lodève : l'État-major, les 1ᵉʳ, 2ᵉ et 3ᵉ bataillons (actifs) ;

Aniane : les 1ʳᵉ et 3ᵉ compagnies du 4ᵉ bataillon ;

Mende : les 2ᵉ et 4ᵉ compagnies du 4ᵉ bataillon et le Dépôt.

Dans ces garnisons, officiers, sous-officiers et soldats

du 12ᵉ d'infanterie s'efforcent de perfectionner leur instruction militaire, et de se grandir ainsi à la taille de leurs glorieux aînés, afin que le jour où le clairon de guerre les appellera à la défense du sol chéri de la patrie, ils ne restent point au-dessous de leur noble mission, et qu'ils puissent ajouter encore aux brillantes annales du régiment.

Composition du régiment en officiers à la date du 31 décembre 1876.

ÉTAT-MAJOR

M. Trumelet (O ✻), colonel;

M. Camguilhem, lieutenant-colonel (✻);

MM. Desmouliés (✻), Ferrieu (✻), Prévost Sansac de Traversay (✻), Grandsaignes-d'Hauterive (✻), chefs de bataillon;

M. Porte (✻), major;

MM. Débon Dahlmann, Barthélemy (✻), Masson (✻), Gand, capitaines adjudants-majors;

M. Fichou, capitaine trésorier;

M. Petot, capitaine d'habillement;

M. Voirpy, sous-lieutenant, adjoint au trésorier;

M. Peretti, sous-lieutenant, porte-drapeau;

M. Dammien (✻), médecin-major de 1ʳᵉ classe;

M. Linon, médecin major de 2ᵉ classe;

N...., médecin aide-major de 1ʳᵉ classe;

M. Masson, chef de musique.

1er Bataillon.

NUMÉROS des compagnies	CAPITAINES	LIEUTENANTS	SOUS-LIEUTENANTS	SOUS-LIEUTENANTS OFFICIERS de réserve
	MM.	MM.	MM.	MM.
1re	Poirson.	Py.	Sarrola.	De Gualy.
2e	Lévêque (✻).	Rialland.	De Lansade de Jonquières.	Barthez.
3e	Vinon (✻).	Le Guillou.	Perrot.	Monguillem.
4e	Delanoüe (✻).	Pestel.	Berry.	»

2e Bataillon.

NUMÉROS des compagnies	CAPITAINES	LIEUTENANTS	SOUS-LIEUTENANTS	SOUS-LIEUTENANTS OFFICIERS de réserve
	MM.	MM.	MM.	MM.
1re	Reboux.	Franceschi.	Frémont.	Grandsagnes-d'Hauterives.
2e	Pollin (✻).	Daumas.	Schwartz.	Roffet.
3e	Cavaillié (✻).	Lacroix.	Dagogniet.	Vezon.
4e	Daniel (✻).	Chapuis.	Durantis.	»

3e Bataillon.

NUMÉROS des compagnies	CAPITAINES	LIEUTENANTS	SOUS-LIEUTENANTS	SOUS-LIEUTENANTS OFFICIERS de réserve
	MM.	MM.	MM.	MM.
1re	Cavaroz.	Banès.	De Castelbajac.	Tardieu.
2e	Bebert.	Carrière.	Luciani.	Luguis.
3e	Toucas.	André.	Desroches.	Galtier.
4e	Cavène.	Juvenel.	Moreau.	Teisserenc.

4ᵉ Bataillon.

NUMÉROS des compagnies	CAPITAINES	LIEUTENANTS	SOUS-LIEUTENANTS	SOUS-LIEUTENANTS OFFICIERS de réserve
	MM.	MM.	MM.	MM.
1ʳᵉ	Lafaye (✳).	Delagarde.	Favéraux.	»
2ᵉ	Laurandeau.	Bernhard.	Laune.	»
3ᵉ	Imbert (✳).	Remondière.	Daubenfeld.	»
4ᵉ	Moreau (✳).	Milhé-Potingon	Philipart.	»

Dépôt.

NUMÉROS des compagnies	CAPITAINES	LIEUTENANTS	SOUS-LIEUTENANTS	OFFICIERS de réserve
	MM.	MM.	MM.	MM.
1ʳᵉ	Décurey.	Clairet.	Macbet.	Plan, capitaine.
2ᵉ	Sebire (✳).	Pinot.	Millot.	Farre, id.
Suite	»	»	De Senneville.	»
Surnuméraire	»	Cognon.	»	»

LISTE ALPHABÉTIQUE

DES MILITAIRES DE TOUS GRADES CITÉS DANS CET OUVRAGE

A

Abadie, 96, 113, 147.
Abraham, 42, 51.
Adam, 53.
Agneli, 83.
Albagnac, 152.
Alluin, 148.
André, 151.
André, 151.
Antoine, 37, 39, 42, 46, 49.
Arblade (d'), 139, 143.
Argenton, 31.
Assalit, 51.
Astier, 28.
Astouin, 152.
Aubert, 113.
Augier de La Jallet, 43, 136.
Aulieu, 76.
Aussaye, 152.
Avard, 150.
Avon, 152.
Aymard (baron), 142, 153, 165.
Aymard, 21.

B

Bach, 119.
Bachelier, 70.
Baillot, 51.
Bal, 116.
Banc, 116.
Banès, 96, 111.
Barboteaux, 31, 46, 48, 57.
Baron, 46.
Barrière, 97.
Barté, 58.
Barthélemy, 91, 96, 137, 139, 111, 147.
Barthez, 150.
Barzin, 50, 51.
Bascoulergue, 138.
Bassour, 56.
Bastide, 49.
Baudinot (baron), 6, 57.
Baüer, 116, 147.
Bayeux, 57.
Beaufort (de), 52.
Beaulieu (de), 43, 48, 50, 55, 57.

Beaumont, 8.
Beauquesne (de), 146.
Becker, 43, 50.
Belfort, 97, 145.
Bénard, 58.
Benolt, 46.
Benolt, 106.
Bérenger, 152.
Berge, 53.
Berger, 78.
Berger, 110, 143.
Berlaud, 35, 46, 50, 55.
Berlaud, 111.
Bermond (de), 69.
Bernard, 57.
Bernard, 150.
Bernardeau, 136.
Bernhard, 119.
Berry, 146.
Bertrand, 161.
Besson, 91.
Besson, 96, 138.
Beurné, 18.
Beyerlé, 98, 116.
Bichelet, 40.
Binet, 70.
Bittard-Ducluzeau, 119.
Bizot, 31.
Blanc, 152, 161.
Blanc, 161.
Blanchelande (de), 12.
Blanda, 161.
Blavier, 18, 52, 51.
Bloch, 110.
Boarini, 6.
Boiëldieu, 110.
Boisson, 139.
Bon, 143.
Bonfillou, 28, 30, 43, 51, 56, 57.
Bonnard, 39.
Bonnin, 28.

Bontour, 96.
Bordes, 23.
Boucherie, 31, 46.
Boudin, 31.
Bouixère, 83.
Boumard, 21, 31.
Bourdet, 42.
Bourdot, 43.
Bourg (du), 8.
Bouteiller, 119, 120, 121.
Bouteillier, 35.
Bouvier, 70.
Bouyer, 31.
Bouyer, 37, 43.
Bouyet, 51.
Boyer, 50.
Braüer (de), 6.
Bretz, 50.
Brincourt, 142, 151, 165, 167.
Brunier, 96.
Brunier (de), 91.
Brunières (Le Bœuf de La Noue des), 5.
Buisson, 118, 119.
Buret, 31, 36.
Burette, 39, 55.

C

Caillot, 31, 46.
Cambriels, 136.
Camguilhem, 119.
Campenon, 40, 51, 57.
Carot, 43, 55.
Carré, 39, 50.
Carré, 153.
Carrière, 119.
Cartier, 145.
Casier, 135.
Castelbajac (de), 149, 150.
Catrevaux, 138.
Cavaillié, 140.

Cavaroz, 118.
Cavène, 98, 149.
Cay (du), 12.
Caye, 145, 153.
Cazac, 6.
Cazet, 89.
Ceha, 51, 56.
Chamault, 133.
Chambrion, 113.
Chamorin, 18, 21, 22.
Champy, 60.
Champy, 135.
Chapellier, 35.
Chapot, 143, 144, 145, 147, 148.
Chapuis, 134, 139, 141, 151, 152.
Chapuy, 48, 56.
Charlet, 140, 142.
Charlier, 152.
Charropin, 140, 148.
Charté, 51.
Chassin, 82, 96.
Chassin (Camille), 91.
Châtellier, 35.
Chatillon, 34.
Chaulandy, 53.
Chaurand, 164.
Chaussein, 135.
Chesnel, 152.
Chinié, 96.
Chossat, 13, 16.
Clairet, 139.
Clémençon, 68.
Clément, 49.
Cler, 152.
Clère, 96.
Cognon, 146.
Cointin, 35.
Collin, 96.
Combes, 97.
Combes, 138, 141, 145.

Combès, 152.
Comignan, 73.
Cordon, 46, 56.
Coupard, 111.
Courrèges, 152.
Cousin, 48, 56, 57.
Cousteau, 164.
Couturier, 136.
Cuq, 147.

D

Dagogniet, 111, 164.
Damas-Marillac (vicomte de), 5, 11, 13.
Dammien, 98.
Daniel, 110.
Darde, 59.
Darmezin, 113, 118.
Darrabiat, 57.
Darthuy, 78.
Daubenfeld, 153.
Daulomieu-Beauchamp, 6.
Daumas, 92, 97, 111, 164.
Dauvé, 46, 49, 51.
Dechambe, 34.
Decurey, 149.
Degland, 148.
Dehis, 49, 50, 51.
Déhon Dahlmann, 106, 110. 113, 162.
Deidoux, 46.
Delabesse, 70.
Delagarde, 97, 141.
Delamarre (vicomte), 6.
Delanoüe, 89, 141, 150.
Delasse, 51.
Delaune, 46, 48.
Delforge, 56.
Delprat, 134.
Demontet, 136.
Denizot, 97, 145.

Derinx, 59.
Dervo, 96.
Desmouliès, 96, 136, 141, 148.
Désormeaux, 91.
Desprez, 137, 140.
Desroches, 148, 149.
Dessoindre, 35.
Devailly, 91, 96.
Devert, 46.
Dinther, 91.
Doazan, 51.
Doche, 143.
Doquin, 74.
Dordet, 151.
Doucet, 28.
Dresnaud, 35, 39, 51, 56.
Dreyfus, 95, 96.
Drouaillet, 39.
Dubourg, 69.
Dubreuil (de Pont-Brillant vicomte), 6.
Dubreuil, 53.
Ducruet, 152.
Ducuing, 57.
Dufaure, 68.
Dulyon de Rochefort, 142.
Dumor, 96.
Durand, 96.
Duruelle, 58.
Dutang, 152.
Duval, 53.

E

Écochard, 96.
Estenave, 152.
Étienne, 35, 49, 50, 51, 53, 57.

F

Fargues, 164.
Faugle, 22.
Faure, 28.
Favéraux, 141, 150.
Favier, 136.
Favre, 150.
Féraudy, 15.
Ferri, 152.
Ferrieu, 121, 138.
Festugière, 110, 111, 113.
Fichou, 146.
Fillebois, 89, 91.
Fischer, 57.
Fléchin de Vamin (comte de), 5.
Fleury, 89, 91.
Florent, 89, 96, 100.
Fougery, 46, 51.
Fougler, 58.
Foullez, 57.
Fournel, 113.
Fournier, 36.
Fourquemin, 89, 95, 96.
Foussard, 23.
Franceschi, 119, 148.
François, 21, 46, 49.
François (Louis), 49.
François, 152, 170.
Frédéric, 50.
Frémont, 146.
Fritsch, 51.
Fuerbach, 96.
Fusier, 39, 43.

G

Gabarrin, 75.
Gaillard, 75.
Galabert, 54.

Galaup (de), 5.
Gallien, 60.
Gallier, 46.
Galtier, 150.
Ganavial, 50.
Gand, 148, 149.
Gardet, 152.
Garlenq, 139.
Garnesson, 56.
Garnier, 39.
Gatel, 135.
Gaudier, 50.
Genau, 75.
Genest, 21.
Georget (Louis), 50.
Gérard, 31, 46, 51, 52. 57.
Gérard, 161.
Gérodias, 113.
Giannetti, 161.
Gilbert, 35, 46, 57
Gilbert, 50.
Gille, 25.
Girardin, 49, 56.
Girardon, 6, 21.
Gislain (de), 91, 95.
Glorieux, 57, 60.
Godard (Charles), 39.
Godefroy, 31.
Gombault, 89, 111, 142.
Gouyou, 139.
Gouzou, 95, 96, 146.
Grach-Laprade, 149.
Graudsagnes - d'Hauterives ,
    149.
Grandsaignes d'Hauterive ,
    172.
Gras, 68.
Gratreaud, 115.
Graverand, 91, 96.
Grincourt, 137, 114, 146.
Gualy (de), 149.
Gruau, 39.

Guelfucci, 152.
Guérinot. 49.
Guerry, 31.
Guilbert, 96.
Guionie, 150, 172.
Guitnay, 136.
Guittard, 136.
Guyot, 25, 31, 39, 45.

H

Hallo, 110, 111.
Hamann, 139.
Hauteville (Petit-Jean), 135.
Hédiard, 49, 53.
Hémon, 45, 49.
Henri, 35, 51.
Héraud, 82.
Héret, 98.
Hervé, 135.
Hespel d'Harponville (d'), 140
Hèvre, 69.
Iliaguy, 43, 53.
Hicard, 113.
Hiérard, 35, 46, 51.
Hobart, 56.
Hobquin, 21, 39.
Houlier, 50.
Hugot, 50.
Hugot d'Herville, 139.
Huguet, 139.
Humbert, 50, 51.
Humbert (Frédéric), 35.

I

Imbert, 91, 98, 139, 149.

J

Jacquel, 120, 136.
Jan, 31.

Jan, 91, 95, 100.
Jean, 136.
Joannas, 49, 57, 68.
Joly, 57.
Jourdan (maréchal), 11, 18.
Jourdan, 143.
Juéry, 152.
Jullien, 91, 98.
Juvenel, 97, 111.

K

Krel, 91, 96, 146, 148.

L

Labrunhie, 76.
La Chaise, 11.
Lacroix, 25, 57.
Lacroix, 68.
Lacroix, 139, 141.
Lafage, 91, 95, 96.
Lafargue, 56.
Lafay, 83, 89, 91.
Lafaye, 93.
Lafon, 141.
Laluyé, 23, 31, 35, 37, 46.
La Mothe, 12.
Lamy, 28.
Lanes, 140.
Lansade de Jonquières (de), 133.
Laporte, 138.
Larguier, 152.
Laune, 145, 149, 150.
Laurendeau, 141.
Lavedan, 131.
Lazard (Silfrain), 57.
Lazare, 39.
Leblanc, 28, 35.
Lebon, 31.
Lebrun, 6.

Leca, 71.
Lecaf, 55.
Lecerf, 57.
Léchelle, 145.
Leclerc, 50, 51.
Lécu, 50.
Lefeuvre, 96.
Lefèvre (Marin), 50, 51, 52, 56.
Lefrançois, 141, 142.
Léger, 35.
Legras, 150.
Le Guillou, 148, 149, 150.
Lemaire, 57.
Lemanach, 76.
Léon, 60.
Lerebours, 91.
Leroy (Alexandre), 98.
Leroy (Maurice), 98.
Lescarou, 135.
Leschi, 76.
Lespieau, 106, 111, 118, 121.
Letellier, 59.
Lévêque, 140.
L'Huissier, 93, 141.
Limayrac, 96.
Linon, 172.
Loisel, 138.
Lombard, 25.
Lucchesi, 152.
Luciani, 145.
Luguis, 150.
Lurat, 24.

M

Machet, 145.
Mahé, 135.
Maheu, 57.
Malaspina, 89, 110.
Marasse, 97, 145.
Marbœuf, 31.

Marchal, 98.
Marchal, 98.
Marchal, 143, 144, 143, 150.
Marchand, 46, 51.
Marchiduc, 50.
Marécaux, 135.
Maréchal, 95.
Marillet, 135.
Mariolle, 97, 145.
Marou, 35.
Martin, 21.
Martin, 21.
Martin, 35, 49.
Martin, 49, 51.
Martin, 96.
Masclary, 69.
Masseraud, 43.
Masson, 37, 48.
Masson, 46.
Masson, 59.
Mathelin, 97, 134, 136.
Maucourant, 51.
Maudet, 57.
Maure, 138.
Maury, 136, 149.
Mayssart, 55.
Mazellier, 149, 172.
Meiche, 138.
Méliodou, 57.
Ména, 118, 151, 165.
Menet, 91.
Menjoulton, 139.
Mercier, 172.
Mercier de Sainte-Croix, 93, 97.
Mérendol, 152.
Merle, 57.
Merlin, 98.
Mestral, 152.
Michel, 56, 57.
Michelet, 43, 51, 56, 57.
Micoud, 152.

Mignard, 31, 46, 48.
Mignard, 58.
Milhe-Potingon, 97, 111.
Millet, 149, 172.
Millot, 46, 49, 57.
Millot, 145.
Milton, 152.
Mimerel, 6, 117, 118, 131, 135, 144, 145.
Minon, 35.
Mitel (Antoine), 46.
Mitel, 18, 22, 43, 57.
Mocqueris, 21.
Mognien, 51.
Monbet, 57.
Moncla (de), 70.
Monguillem, 150.
Monnier, 31, 48.
Monnier, 56.
Monnier, 57.
Montagne, 98.
Montcalm (marquis de), 10.
Montegremar, 45.
Montmort (marquis de), 6.
Montreuil, 51.
Moraggi, 48.
Moreau, 89, 111, 116.
Moreau, 125, 143.
Morelet, 69.
Moteau, 39.
Mouillet, 136.
Moujarat, 78.
Moussu, 137, 140.
Moustardier, 46, 51.
Müller (baron), 6, 43.
Müller, 109.
Mulot, 39.
Muron, 133.

N

Navarre, 152.
Nicourt, 36.
Noël, 36.
Noël, 118, 119.
Noyez, 100.

O

Ogier de Baulny, 136.

P

Pageot, 39.
Palato, 35.
Pallain, 161.
Paris, 42, 55.
Parpais, 138.
Pasquelin, 83.
Paulze, 96.
Pauron, 113, 140.
Péchot, 6, 83, 84.
Pélissier, 21, 42.
Perceau, 46, 56, 58.
Peretti, 111, 145.
Peretti (de), 161.
Perrier, 136.
Perrot, 150.
Pestel, 161.
Petitjean, 50, 57.
Petot, 91, 95.
Petot, 138.
Peylaire, 136
Pezeu, 93, 95, 96, 98.
Philippier, 21, 31.
Phlipart, 145.
Picard, 96, 138.
Pierre, 43, 45.
Pierre, 135.
Pierson, 36, 48.

Pinot, 118.
Pitois, 50.
Plaindoux, 161.
Plan, 150.
Plée, 91, 96, 115, 117, 118.
Plissonneaux, 25, 31, 51.
Plomb, 152.
Poirson, 119.
Pollin, 89, 141, 147.
Pons, 113, 139.
Pont-de-Vaux (de), 12.
Porte, 37, 39, 43, 53, 60.
Porte, 111.
Pouzols de Saint - Maurice
    (de), 96, 116.
Pradel, 41, 46, 56, 57.
Prévost Sansac de Traver-
    say, 137.
Priguol, 161.
Projean, 139.
Py, 116.

R

Ragondet, 113, 139.
Rancurel, 31, 42, 51.
Randon, 135.
Raynal, 152.
Reboux, 139, 148.
Rebuffat, 161.
Renaud, 39, 57.
Renault, 31.
Revol, 139.
Reynaud, 51.
Rialland, 96, 97, 111.
Ribot, 55.
Ricard, 95.
Ricardat, 51.
Ricatte, 113.
Richard, 136, 140.
Richelet, 39, 55.
Rigal, 136.

Ripert, 31, 34, 39.
Robardey, 135.
Robert, 31, 48.
Roffet, 150.
Rogé, 121, 133, 134, 137, 138.
Roque, 22.
Rosée d'Infreville, 96.
Rosier, 46, 49.
Rossi, 136.
Rossi, 162.
Rosso, 69.
Rostaing, 98.
Rota, 46, 50.
Rotzau, 8.
Rouby, 49, 50.
Rougerie, 58.
Round, 96.
Roussel, 42, 49, 52, 57.
Roussel, 110.
Rouvière, 139.
Roux, 6.
Roux, 53, 59.
Roux, 152.
Roux (de), 139, 111, 150.
Rouy, 48. 56.
Ruget, 96.
Rumigny (de), 46, 50.

S

Sabouraud (Pierre), 25, 51.
Sabouré, 75, 91, 94, 95, 98, 111, 117.
Saint-Michel (comte de), 6.
Saint-Sauveur (de Bragouse de), 5.
Salambiez, 126.
Sarazin, 49.
Sarrola, 117.
Sauclières, 139.
Schwartz, 150, 152.

Sebire, 149.
Seguin, 136.
Senault, 43, 48, 56, 60.
Senneville (de), 153.
Sensenbrener, 28. 31.
Sépult, 97, 115, 116.
Sérieux, 83.
Sicard, 113, 150.
Sicre, 93, 95, 96, 100.
Simon, 135.
Sourdon, 98.

T

Tarbouriech, 152.
Tardieu, 119.
Tarte, 57.
Teisserenc, 151.
Theule, 152.
Thiéry, 43, 46, 48, 57.
Thoulouze (baron), 6, 45, 49.
Thouvenin, 35, 42, 56.
Tillières (Leveneur, vicomte de), 5.
Tison de Rilly, 51.
Toinard, 96.
Torteil, 139.
Toucas, 139.
Treiber, 135
Tridon, 111.
Troller, 91, 95.
Trouillard, 83.
Trouslot, 56, 57.
Truchy, 102, 103, 131, 136, 138, 142
Trumelet, 6, 117, 153.

V

Vacheron, 50.
Valette, 51.
Varen, 83.

Varenne, 46, 40.
Vaubécourt, 8.
Vautron, 153.
Verger, 111, 150.
Verges, 6, 21, 21, 25, 31, 31.
Vernier (Philibert), 18, 23, 28.
Vesperini, 153.
Vezon, 150.
Viala, 131.
Vialle, 111, 172.
Viard, 35.
Vidal, 153.
Villemain, 50.
Villinger, 57.
Vincens, 138.
Vingard, 49, 50.
Vinon, 91, 96, 98.
Viola, 161.

Vionnet de Maringoné, 21, 28.
Voirpy, 111, 113.
Voisin, 39.
Voisin, 95, 96, 137, 116.

W

Watelié, 56.
Weis, 57.
Wertz, 96.
Wilhem, 153.
Willemaut, 49, 57.

Z

Zédé, 91, 93, 95, 96, 98, 99.
Zeiter, 153.

MARCHE DU RÉGIMENT

Dans ces jours de sang, de poudre,
   Et de sublimes horreurs,
      De fureurs,
Vous lanciez ardents la foudre
Superbes comme le roi des dieux
      Et des cieux !
   Dans ces terribles orgies
   De cadavres et de feu,
      Noble jeu !
   Aux terres de sang rougies
Vous avez tout perdu, gens de cœur,
      Fors l'honneur !

   Sous le fracas des batailles,
   Au feu brillant de l'éclair
      Cinglant l'air,
   Vous eûtes des funérailles
Dignes de vous, ô morts valeureux,
      Généreux !
   Aux sanglantes hécatombes,
   Avec le sol pour cercueil,
      Pour linceul,
   L'ennemi scella vos tombes,
Redoutant jusqu'au réveil des os
      Des héros.

   Suivons les nobles exemples
   Des soldats de Saint-Privat
      Au combat !
Et conservons dans nos temples
   Les noms chéris de nos vaillants morts,
      De nos forts !
   Que leur poussière divine,
   Nouveau pollen créateur
      De la fleur,
   Soit féconde et fertile
D'une rude race de vengeurs,
      De vainqueurs !

TABLE DES MATIÈRES

—

	Pages.
AVANT-PROPOS	1
AVIS MOTIVÉ DU GÉNÉRAL DE DIVISION	3
LISTE CHRONOLOGIQUE DES CHEFS DE CORPS	5
CHAPITRE Ier. — De 1610 à 1776	9
Régiment Auxerrois, de 1776 à 1790	10
12e Régiment d'Infanterie, de 1791 à 1793	11
12e Demi-Brigade de Bataille, de 1793 à 1796	16
CHAPITRE II. — De 1796 à 1803	17
12e Demi-Brigade de Ligne	17
§ 1er. — 1796. — Borgo-Forte, Mantoue, Saint-Georges, Modène	17
§ 2. — 1797. — La Favorite	19
§ 3. — 1798. — Campagne de Rome	20
§ 4. — 1799. — Campagne de Naples	22
§ 5. — 1799. — Retour en France. — Campagne d'Italie	24
§ 6. — 1800. — Campagne d'Italie	25
§ 7. — 1800. — Campagne des Grisons	27
§ 8. — 1801 à 1803. — En France	28
CHAPITRE III. — De 1803 à 1815	29
12e Régiment d'Infanterie de Ligne	29
§ 1er. — 1805. — Austerlitz	31
§ 2. — 1806. — Auerstaedt, Czarnowo, Pultusk	34
§ 3. — 1807. — Eylau	37

Pages.

§ 4. — 1807. — Heilsberg, Friedland. 39

§ 5. — 1809. — Thann, Abensberg, Eckmühl, Ratisbonne, Engerau. 41

§ 6. — 1809. — Wagram. 44

§ 7. — 1810-1811. — Magdeburg et Hanovre. . . 46

§ 8. — 1812. — Campagne de Russie. 47

§ 9. — 1813. — Campagne de Saxe. 51

§ 10. — 1814. — Campagne de France. — Défense
d'Anvers 55

§ 11. — 1814. — Abdication de Napoléon. — Réorganisation de l'armée. 59

§ 12. — 1815. — Les Cent-Jours. 60

CHAPITRE IV. — De 1815 à 1830. 61

Légion des Côtes-du-Nord. 61

12ᵉ Régiment d'Infanterie de Ligne. 62

1823-1824. — Campagne d'Espagne. 62

CHAPITRE V. — De 1830 à 1848. 67

§ 1ᵉʳ. — 1830-1831. — En France 67

§ 2. — 1832. — Siége d'Anvers. 68

§ 3. — 1833-1836. — En France. 68

§ 4. — 1837-1839. — En Algérie. — Retour en France. 69

§ 5. — 1839-1848. — En France. 70

CHAPITRE VI. — De 1848 à 1861. 73

§ 1ᵉʳ. — 1848. — Insurrection de Juin à Paris. . 73

§ 2. — 1849. — Expédition de la Kabylie orientale. 74

§ 3. — 1849-1853. — En Algérie. 75

§ 4. — 1853-1859. — En France. 78

§ 5. — 1859-1860. — Province de Constantine. . . 78

§ 6. — 1860-1861. — En Corse. 79

§ 7. — 1862-1863. — En France. 79

CHAPITRE VII. — De 1861 à 1870. 81

§ 1ᵉʳ. — 1861-1863. — En Algérie. — Expédition des
Flita. 81

§ 2. — 1868-1870. — En France. 85

CHAPITRE VIII. — De 1870 à 1877. 87

§ 1ᵉʳ. — 1870. — Saint-Privat-la-Montagne. — Metz. 87

§ 2. — 1870. — 4ᵉ Bataillon et Dépôt. 100

§ 3. — 1870-1871. — 12ᵉ Régiment de marche. —
Chevilly. 101

Pages.

§ 4. — 1870. — 112ᵉ Régiment de Ligne. — Thiais,
    L'Hay, Ville-Evrard, plateau d'Avron, Moulin-
    Saquet, Paris   145

Chapitre IX. — De 1871 à 1877.   133

    Le Régiment actuel.   133

    Composition du Régiment en Officiers à la date du
    31 décembre 1876.   173

    Liste alphabétique des militaires de tous grades cités
    dans l'Historique.   177

    Marche du Régiment.   187

Evreux, Ch. Hérissey, Imp. — 677.

ÉVREUX, IMPRIMERIE DE CH. HÉRISSEY.